似水流年德累斯顿

张志雄 著

Dresden

上海财经大学出版社

图书在版编目（CIP）数据

似水流年德累斯顿 / 张志雄著. —上海：上海财经大学出版社，2022.12

（志雄走读）

ISBN 978-7-5642-4012-7 / F·4012

Ⅰ.① 似… Ⅱ.① 张… Ⅲ.① 游记-作品集-中国-当代 Ⅳ.① I267.4

中国版本图书馆CIP数据核字（2022）第137711号

特约编辑 / 萧 亮
责任编辑 / 邱 仿
整体设计 / [法] Valerie Barrelet

似水流年德累斯顿

著 作 者 / 张志雄

出版发行 / 上海财经大学出版社有限公司
地　　址 / 上海市中山北一路369号（邮编200083）
网　　址 / http://www.sufep.com
电子邮箱 / webmaster@sufep.com

经　　销 / 全国新华书店
印刷装订 / 上海颛辉印刷厂有限公司
版　　次 / 2022年12月第1版
印　　次 / 2022年12月第1次印刷
开　　本 / 787mm×1092mm　1 / 16
印　　张 / 23.5
字　　数 / 277千字
定　　价 / 128.00元

序

很偶然地，我在德国人吕迪格尔·萨弗兰斯基写的《德意志理想主义的诞生：席勒传》中看到伟大的诗人兼剧作家席勒在德累斯顿的故事。

1759年，席勒出生于德国小城马尔巴赫，14岁时进入符腾堡公国军校"卡尔学校"，学习法学与医学。1781年，席勒出版了处女作《强盗》，一举成名。由于符腾堡公爵独裁专断，禁止"军医"席勒创作，席勒只能在1782年逃离符腾堡。

其后，席勒主要在曼海姆发展，1785年9月初来到德累斯顿。

下面是《德意志理想主义的诞生：席勒传》的摘录：

席勒在最初几个月已享受过德累斯顿这座城市的建筑之美与艺术珍宝，但城市的文化生活却让他大失所望。"那儿是一片精神的荒漠……德累斯顿人完全是一群肤浅的、萎靡的、令人无法忍受的乌合之众，和他们在一起从来不会让人舒心。他们整天就关心自己那点儿私利，一个自由而高贵的人会彻底迷失在众多饥饿的国民之中。"

德累斯顿早已失去了强者奥古斯特时代的那种社会与宫廷的辉煌。王室已经出于政治原因改宗天主教，盲目虔诚与假正经之风盛行。剧院审查越发严格。席勒的剧作《唐·卡洛斯》必须做大量删减才能在德累斯顿上演，那些针对宗教裁判所的文字成了内容审查的牺牲品。整个社会生活都停摆了。当席勒在魏玛被人问起，为何离开了美丽的"易北河畔的佛罗伦萨"，他回答："平庸的交流造成的损害，比最美的风景和最有品位的画廊所能补偿的要更多。"

1787年春天，发生了一件让他开心不起来的绯闻，完全毁了他在德累斯顿的最后几个月。席勒于1787年2月在一场假面舞会上结识了19岁的亨莉埃特·冯·阿尔尼姆。这个姑娘全城闻名，有不少条件不错的追求者。她美貌动人：黑色的卷发，雪白的肌肤，还有一双棕色的眼睛。她选了一套吉卜赛女郎的装束。席勒被她选中，欣然应允，与她跳了一整个晚上。他恋爱了。好友科尔纳警醒席勒，亨莉埃特的母亲要给她安排一桩更好的婚事，却依旧无法把他劝住。他追求她，少女很享受，但也没有因此而放弃其他爱慕者。亨莉埃特与席勒商定，她的窗边若是燃起一根蜡烛，就表示当晚无法与席勒见面。可科尔纳的妻子明娜却声称，她发现这个暗号只是为了打发走席勒，好诱惑更受她青睐的情敌。

席勒的激情与嫉妒共同增长。这段关系一直持续了两个月，直到科尔纳说服自己的朋友，暂且先去附近的小镇塔兰特住上一段时间，以便不受干扰地写完《唐·卡洛斯》。4月的天气相当糟糕，席勒在旅店一家供暖不足的房间里，觉得自己就像被丢在了一座"荒芜的孤岛"上。他完全没有"诗兴"，拿爱情折磨着自己，不能写作，只能拿英国啤酒消愁，请求德累斯顿的朋友们给他一点读物来对付"可怕的空洞时光"。明娜·科尔纳找到了恰当的东西。她给席勒寄去了肖德洛·德·拉克洛的《危险的关系》。席勒似乎并没有发现其中隐藏的警告，觉得这本书"写得真是太棒了"。

亨莉埃特致席勒的书信，有两封保留到了今天。在1787年4月28日的信中，这个19岁的少女表示自己经历了种种失望，决定不再去爱，而只让别人坠入爱河："我想像大多数男人一样薄情，让自己免于会激起情感的一切，却还要在我周围聚集起一支追求者的大部队。"可她说，席勒完全打乱了她的计划；在他面前，她再也不能保护她的心"免于遭逢爱情"。

席勒给亨莉埃特的回信没能流传下来，但从她5月5日的第二封信里可以推想，席勒显然没有把她的第一封信当作爱的表白，而是将其视为承认自己的风流，于是拿她先前的情史去责怪她。但她的回应很自信："您说这是我的罪过，但您本来也可以批判您自己。"她觉得席勒的举动是一种僭越，因此在信中抗议："您信中的每一处都向我证明，在您心中，爱情过于屈从您的自傲。"

二人就这样过了一段互相猜疑却又离不开对方的时间。5月2日，席勒给她送去一首诗，把眼前情感的困扰归咎于二人初次靠近的那场假面舞会。"这段生命的一幅惟妙肖像／一场假面舞会，让你成为我的女友／我第一眼看见的是——欺骗／但我们的缘分，在说笑中结下／有心灵的共通作见证……我们友谊的开始不过是——假象／接下去的应当是真实。"

但真实却无从寻找。一切都是那么混乱，特别是背后还有亨莉埃特的母亲插手这段感情。她虽然欣赏席勒这位知名的诗人，但并不认为他便是自己日后的乘龙快婿。席勒有所察觉，却始终不愿相信。

5月底，席勒终于结束了这段痛苦的感情。他避免公开分手，甚至还在信中保留着一点对亨莉埃特的友情。没过多久，亨莉埃特便按照母亲的要求，远嫁东普鲁士，在一座庄园中生活，丈夫死后才重回德累斯顿，直到1847年方才去世，非常高寿。她十分珍重年轻时那段爱情的回忆，总是骄傲地向访客展示席勒的画像。这幅被常青藤环绕的画像就挂在她的墙上。

最后，我想在此感谢我的好友、法国设计师瓦莱丽对本书的设计，对萧亮、周艳、马壮、傅晓琳、王凌峰等同事在修订、复核及其他工作上的贡献表示感谢，对上海财经大学出版社的总编辑黄磊以及责任编辑邱仿等各位老师的工作表达最诚挚的谢意。

张志雄

2022年8月于浦东花木

目录 CONTENTS

第一章	001	无忧宫（上）
第二章	035	无忧宫（下）
第三章	069	德累斯顿圣母大教堂·王侯列队图·布吕尔平台
第四章	091	绿穹珍宝馆（上）
第五章	121	绿穹珍宝馆（下）
第六章	159	新绿穹珍宝馆（上）
第七章	195	新绿穹珍宝馆（下）
第八章	243	德累斯顿历代大师绘画馆（上）
第九章	279	德累斯顿历代大师绘画馆（下）·阿尔伯特姆博物馆
第十章	311	茨温格宫：陶瓷收藏馆和数学物理沙龙
参考书目	358	

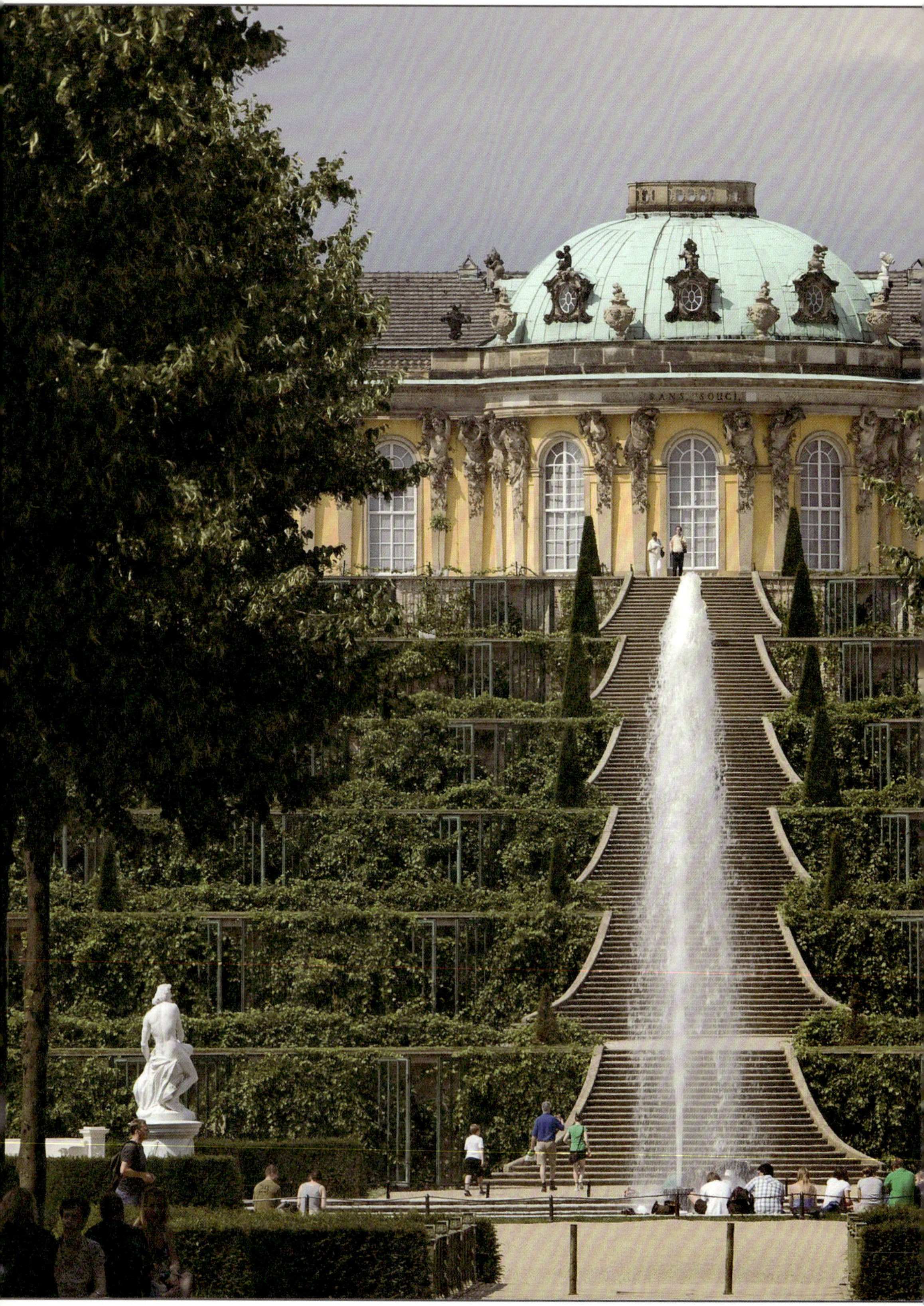
SANS SOUCI

第一章

无忧宫（上）

无忧宫坐落在柏林西南的波茨坦市。作为国王的夏宫——无忧宫由普鲁士国王腓特烈大帝模仿法国凡尔赛宫所建，相比巴洛克风格的凡尔赛宫，洛可可风格的无忧宫明显更小。无忧宫的名字取自法语"Sans souci"，意为"无忧"，象征着这座宫殿的建造初衷是放松休闲，而非彰显权势。

I

柏林在第二次世界大战中被盟军炸得满目疮痍，位于柏林西南25公里处的波茨坦也在1945年4月14日遭受轰炸而严重毁坏。民主德国（以下简称东德）政府为了抹去人们对普鲁士时代的记忆，把部分废墟拆掉运走，导致波茨坦宫、著名的驻军教堂和许多完全可以轻松修复的18世纪的建筑被牺牲，幸运的是，1745年奠基的无忧宫（Sanssouci Palace）皇家花园奇迹般地完好无损。

要去无忧宫，就必须了解普鲁士的历史。我最喜欢的普鲁士历史著作是德国记者哈夫纳（我在《飞越柏林慕尼黑》中也提到过他）写的《不含传说的普鲁士》。

所谓传说有二：一个是"金色的普鲁士传说"，即德国的统一实为普鲁士一贯的使命，历代普鲁士国王乃至之前的布兰登堡选帝侯时时刻刻都在为此奋斗；另一个是"黑色普鲁士传说"，普鲁士在人们的眼中仅仅意味着强盗作风的军国主义，甚至将腓特烈大帝和俾斯麦视为希特勒的先驱。

哈夫纳认为，两个传说都属于政治宣传，前一个传说是19世纪德意志民族主义的宣传；后一个早在18世纪业已出现，是普鲁士邻邦的宣传，因为它们感受到了威胁。

事实上，普鲁士并没有什么"德国使命"，恰恰相反，帝国的衰落才促成它的崛起，普鲁士的直接死因就是它动起了"德国使命"的念头。

普鲁士在自己的古典时期（18世纪）非但是欧洲最新兴的国家，也是最现代化的国家。现代化程度更高的法国自大革命出现后，普鲁士的危机于焉开始，从此显露出普鲁士在国家结构上的弱点，导致它开始寻觅新方法来自我合理化，最后以一场自杀性的"光荣"告终。

哈夫纳的看法与一般史观差异极大，让我饶有兴味。

无忧宫

《勃兰登堡选帝侯腓特烈·威廉骑马像》，　《勃兰登堡选帝侯腓特烈·威廉骑马像》，
施吕特，约 1689—1700 年，夏洛腾堡宫藏　施吕特，约 1696—1700 年，博德博物馆藏

II

在今天柏林的夏洛腾堡宫前立有《勃兰登堡选帝侯腓特烈·威廉骑马像》（The Equestrian Statue of Frederick William, Elector of Brandenburg）。腓特烈身着罗马皇帝服饰，昂首挺胸，基座下面四个被铁链锁住的战俘抬头仰望着大选帝侯（编者注："大选帝侯"是腓特烈的绰号）。柏林博德博物馆也有一件类似的复制品。

大选帝侯的儿子普鲁士的腓特烈一世（Frederick I of Prussia）兵不血刃，为自己和霍亨索伦家族争取到国王头衔，1701 年 1 月 18 日，登基成为普鲁士国王腓特烈一世。他虽缺乏英雄色彩，却受过良好教育，宫廷内到处洋溢着文化气息。正因为他，柏林的第一批著名建筑（柏林军械库和夏洛腾堡宫等）相继落成，被誉为"施普雷河畔的雅典"。当然，腓特烈一世与父亲性情相反，他喜欢挥霍、讲排场。

普鲁士国王腓特烈一世的儿子——绰号"士兵国王"的腓特烈·威廉一世（Frederick William Ⅰ）创造了能进行领土扩张的国力，他的儿子腓特烈大帝（Frederick the Great）（编者注：即腓特烈二世）则将其发挥到了极致，在他的统治下，普鲁士国力迅速提升，成为欧洲极有影响力的列强之一。

父子两人为了侍奉诛求无度的普鲁士国家理念，自己的性格也变得扭曲畸形。腓特烈·威廉一世原本是个虔诚、单纯和心地善良的人，后来竟然变成了暴君，他在生活方式与执政风格上展现出了永不满足、充满暴力、喜怒无常、粗野威胁、拳打脚踢、缺乏耐心等作风，在批示公文时总是喜欢写上"赶快！尽速办理！"等字样。

腓特烈大帝则更胜一筹，他的"国王是国家的第一公仆"的名言被人反复引用，殊不知其法文原始版本的关键字眼并非"公仆"而是"家奴"。"国王是国家的第一家奴"，意思就完全不同了吧。这让人想起了他经常说的另一句话："盲目的偶然让我生而被诅咒必须从事的这门手艺，多么令我憎恶！"

腓特烈大帝本是一个文艺爱好者、一位"哲学家"（"知识分子"）以及人道主义者，可为了普鲁士的"国家利益至上"，他必须实施强权政治、发动战争、掠夺土地、背弃同盟与撕毁条约、伪造钱币、从其臣民和士兵以及他自己身上压榨出最后一点东西来。

在这对父子的努力下，普鲁士成了一个粗线条的"理性"国家，它缺少奥地利的魅力、萨克森的优雅、巴伐利亚的古朴，是一个七拼八凑而成的、没有特色的国家，但没有特色并不意味着它是无趣的。

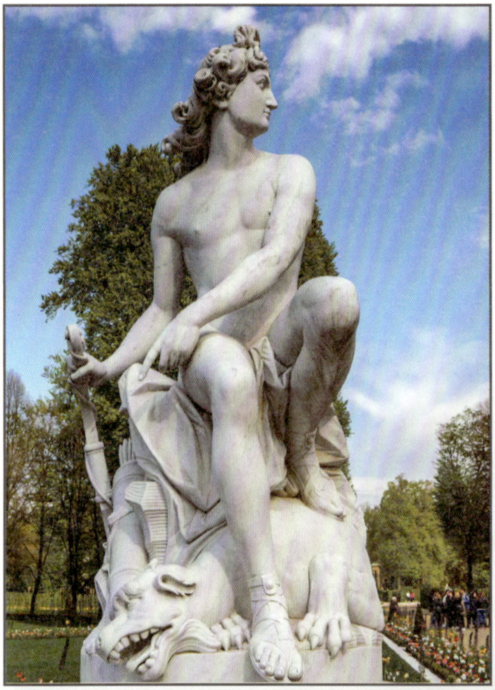
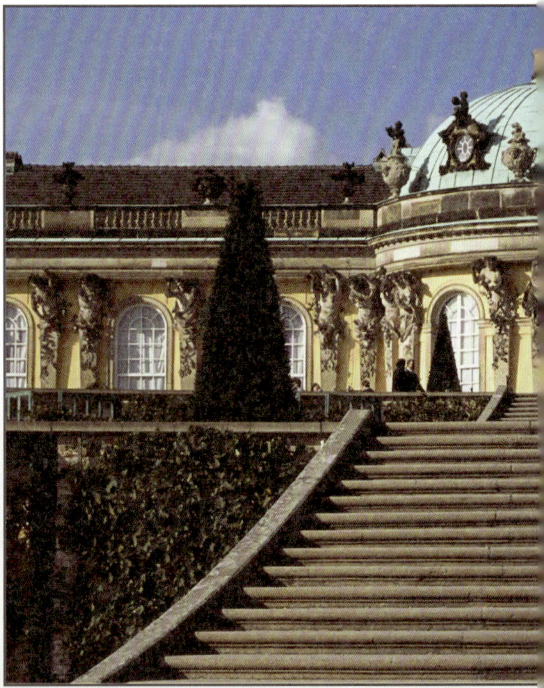

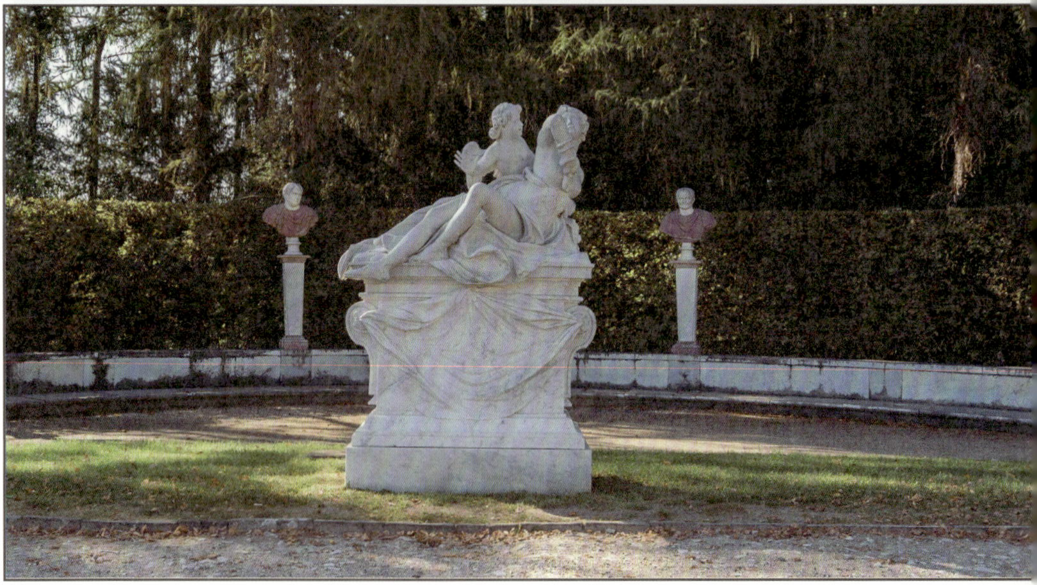

无忧宫花园雕塑

III

普鲁士最引人注目的是它的军国主义。可是如果回顾当时欧洲的状况，军队的国有化是趋势，普鲁士只不过将其极端化而已，真正特别的是普鲁士军队的人数、素质和社会成分。

"士兵国王"腓特烈·威廉一世在位期间，普鲁士军队的常备兵力为8.3万人，他的儿子一登基就将其增加到10万人，战争期间甚至加倍。对一个小国家来说，军队实在多得不成比例。诸如法国、奥地利和俄罗斯之类的大国，其军队规模只不过稍大一些而已。

普鲁士五分之四的财政收入花在军队身上，其他方面必须采取斯巴达式的节俭。腓特烈·威廉一世统治下的普鲁士是欧洲税赋最重的国家，后来腓特烈大帝把税率调得更高。大量的税赋必须加以征收和催缴，需要一个高效率的财政主管机构，这意味着需要大量的公务员。为了让公务员绝对可靠，不得不强迫他们遵守军队般的纪律，因此，普鲁士呈现出"军事国家"与"公务国家"环环相扣、互为表里的特征。

此外还得加上"经济国家"的特征，毕竟只有经济好，才能有税赋。普鲁士有一项很吸引人的政策，即几乎无限度地对外国人友好及乐意接受移民和难民，于是，普鲁士成为18世纪全欧洲受迫害者、被羞辱者、遭歧视者的庇护所和避风港，类似于19世纪的美国。早在1685年，法国废除了一个世纪以来给予法兰西新教徒信仰自由的《南特诏书》（*Édit de Nantes*），勃兰登堡选帝侯立刻颁布《波茨坦诏书》（*Edikt von Potsdam*），邀请法国受迫害者来普鲁士。到了1700年前后，柏林三分之一的居民是法国人。众所周知，普鲁士的"法国殖民地"一直持续到20世纪，法国人带来了许多精致工艺的制作技巧和生活习惯，在多个世代内为普鲁士提供了优秀的官员与文学家。

法国并非特例，其后1732年的萨尔茨堡新教徒难民与18世纪末被征服的数百万波兰臣民都顺利地融入了普鲁士。老普鲁士没有"日耳曼化"的问题，这是与日后的德意志帝国的不同之处。普鲁士并非一个民族国家，也不打算成为一个民族国家，它只是一个国家，仅此而已。它是一个理性的国度，向所有人开放，每个人都享有同等的权利，但也必须承担同等的义务——在这方面也不打折扣。

这一切的根本出发点是为了增强国力，其他只不过是顺道友善罢了，普鲁士并没有奉行人道主义。

Ⅳ

就其人口数量与财政实力而言，普鲁士军队的规模虽然大得不成比例，但依然小于法国、奥地利与俄罗斯这些大国，而能够对抗其中之一甚至三个国家，说明普鲁士的军队素质享有优势，其中的原因并未完全解开。

哈夫纳认为，这个谜底未必在军事层面上，更可能是容克制度使然。普鲁士军队开始的时候与其他国家一样采取的是募兵制，兵员往往是外国人与社会底层混不下去的人，逃兵层出不穷，战斗力当然不行。

后来普鲁士采取了征兵制度，未继承农舍的农家子弟成为士兵，未继承庄园的容克子弟成为军官。容克贵族有别于法国、奥地利与波兰贵族，并非城市贵族或宫廷贵族，而是自己也参加工作的乡间贵族。容克贵族与农民之间有着非常亲密的共生关系，对彼此肩并肩作战极其有利。

哈夫纳提醒我们注意普鲁士的三个无所谓：宗教无所谓、族群无所谓和社会无所谓。前两个上面说过了，即不管你信奉何种宗教、是哪个国家的人，普鲁士政府都不在乎；社会无所谓是指每一个国民都是自己命运的塑造者，打算如何度日生活是他自己的事情。这与今天德国的社会福利完全是两码事，后者的构想在19世纪末普鲁士晚期的首相俾斯麦时代才出现。

V

腓特烈大帝的事迹今天已广为人知，他从奥地利人手中拿走了西里西亚，从波兰人手中拿走了西普鲁士。这两项行动在道德与法理上都毫无理由，却让普鲁士在易北河以东的核心地带拥有了连在一起的领土。

腓特烈完全可以被称为天才，因为他通过个人的胆识、毅力与韧性，让普鲁士的表现远远超越了该国实际物质力量层面上的实力，那种表现不是随时随地能够加以复制的。此外，腓特烈大帝无疑促成了普鲁士实质性权力基础的持续扩大，几乎增加了一倍。

可是，哈夫纳问道：腓特烈去世后，其继任者们虽完全称不上是天才，但普鲁士照样在20年的时间里继续维持其强权地位，与拿破仑交锋，狠狠地摔了一跤之后，重新恢复了大国地位。可见除了腓特烈的个人特质与成就之外，还有其他因素：

首先，独特的国家性质赋予普鲁士非凡的弹性和延展性，这种独特的性质导致普鲁士非但比其他国家更能征服异国人民，而且完成征服之后，能成功地进行同化与整合。

其次，是有利的大环境。当时的国际权力态势尚未定型，仍具有相当可变性，使得腓特烈那种勇于下手和转向迅速的政策能够获得非比寻常的机会。

在1648年前的一个半世纪，欧洲只有两个强权——波旁王朝与哈布斯堡王朝，其他国家只是跟随者。从拿破仑危机结束到第一次世界大战，欧洲进入了既稳定又经过精心设计的五强均衡势力阶段，唯有1648年至1789年的

无忧宫花园里的铁制凉亭和上面的金色太阳图案

这140年间，欧洲热闹得像个赌博大厅，更像一个权力交易所。

1648年后，神圣罗马帝国名存实亡，被诸如巴伐利亚、萨克森、汉诺威以及普鲁士之类的邦国取而代之，除了旧有的法国与奥地利两大霸主外，又加上了英国与俄罗斯两个新成员。昔日的西班牙、波兰与土耳其三强欲振乏力，两个新近崛起的荷兰与瑞典外强中干，无法持续保持自己的优势。出人意料的是，普鲁士保住了自己的强者地位。

腓特烈大帝于1740年夏季登上王位，同年12月普鲁士军队就开进属于奥地利的西里西亚。奥地利一直是远比普鲁士强大的国家，但腓特烈乘人之危——奥地利的统治者10月去世，没有男性继承人，其女儿玛丽亚·特雷莎（Maria Theresa）的皇位继承权不无可议之处，奥地利军队撤出了西里西亚。奥地利在政治上可被讹诈，在军事上无力抵抗，腓特烈当然要出手。

其他邦国也没闲着，法国、巴伐利亚与萨克森都想在一时处于弱势的奥地利身上大捞一笔。

腓特烈见盟友有点尾大不掉，就与奥地利单独媾和，反正他已经得到了西里西亚。但是看到奥地利有转强的苗头，腓特烈立刻与它开战，历时八年的"奥地利王位继承战争"在1748年不了了之。普鲁士拿到了西里西亚并退出战争，其他参战国都没得到什么好处，一位法国外交官哭笑不得地说："我们每个人都在为普鲁士国王工作。"

哈夫纳在书中写道："肆无忌惮的权力政治恰好是当时欧洲的风尚，1772年，在天下太平之际，普鲁士、俄罗斯与奥地利进行'第一次瓜分波兰'行动，切割下各自中意的波兰土地，腓特烈拿走的是西普鲁士。"

这次行动先是普鲁士与俄罗斯达成共识，奥地利的特雷莎先是犹豫了一下，结果还是一起行动，以免空手而归。腓特烈的评语是："她哭了，可是她拿了。"

VI

哈夫纳其实不同意人们把腓特烈大帝视为天才。他认为，腓特烈虽然充满机智、富于想象力，并且多才多艺，不仅在政治和军事方面很有天分，在文学和音乐等方面也一样，但他其实在任何领域内都不能算是天才，只是一个天赋甚高、涉猎领域多得异乎寻常的业余爱好者，虽然他为巴赫谱出的曲调令人肃然起敬，他写给伏尔泰的文字具有很高的可读性，但都称不上是天才之作。身为政治家与战略家，他也缺乏天才般的深入见解和远大目光，恰恰相反，至少在他漫长的统治时期的前半段，腓特烈大帝一直是个不折不扣的、靠运气的"赌徒"。

总之，除了极少数例外情形，腓特烈大帝所打过的仗都是战略上的即兴之作，而且往往是孤注一掷。当战局顺利的时候，那种作风可以让胜利显得特别耀眼，万一战况失利的话，后果便非常可怕。

这就是腓特烈大帝"七年战争"所遇到的麻烦。"腓特烈赌局"的前提条件是作为欧洲两强的法国与奥地利永远互相为敌，可它们的这种敌对关系是基于传统而非实际利益。

1756年，腓特烈大帝与英国签订合约，目的是确保将来英国不会在西里西亚战争中帮助奥地利。没想到腓特烈大帝打错了算盘，此举反倒惹恼了因为汉诺威而与英国在欧洲大陆上有矛盾的法国，奥地利趁机与法国结盟。这样，法国、奥地利与俄罗斯三方结盟，想要肢解普鲁士。

腓特烈大帝决心先发制人，首先去征服萨克森，想吞并人家的军队，可后者逃兵众多，没达到目的；失去了宝贵时机的腓特烈大帝接着入侵波希米亚，遇到了奥地利大军的顽强抵抗，最后没占到什么便宜，撤出了战斗。

之后法国、奥地利与俄罗斯三方围攻普鲁士。这时，普鲁士显示出自己

无忧宫花园雕塑

的能耐，来回穿梭，逐一回击在数量上占优势的敌军，连续打败三个强国的军队。

因为敌军数量占优势，普鲁士精锐的小型军队逐渐消耗殆尽，虽然在不屈不挠地补充新兵源，但不能与老兵相比拟。1759年，普鲁士以绝对劣势冒险与奥俄联军作战，遭到毁灭性打击，腓特烈只能靠打消耗战来拖延时间。

哈夫纳在《不含传说的普鲁士》中评论道：

腓特烈大帝在漫长可怕的"七年战争"的最后三个年头，才真正有资格获得"伟大人物"这个称号，所凭借的不是其天才，而是坚强的性格。腓特烈那几年向世人与后世所呈现出来的是在极度缺乏希望的情况下，由非凡的恒心、韧性与毅力以及由苦行僧般的吃苦耐劳——麻木不仁的态度——所构成的奇观，让一次又一次的命运打击从身边弹开。这位国王发迹之初，按照他自己的讲法是一个轻浮的"命运宠儿"；但他在厄运当头的时候却像被绑在刑讯柱上的印第安人般展现出无畏的精神，他真正伟大的地方就在于此。即便后来出现过一个侥幸的意外，对其的坚忍不拔给予了奖赏，但他的表现并不会因此失色。

这个侥幸的意外来自1762年年初俄国女沙皇的驾崩。她的继承人是个头脑有些混乱的腓特烈大帝的粉丝，非但与普鲁士签订和约，而且与普鲁士结盟，这简直是乾坤大挪移。这位彼得三世沙皇在1762年遭到暗杀，接任者取消了与普鲁士的盟约，但和约继续有效。最后俄普双方签订和约，一切恢复原状。

这次大战后，腓特烈大帝再也没有对外发动过战争，重新回到他父亲的治国大方针上来，即不断从内部强化普鲁士，但不好大喜功，以免消耗国力。

他的外交方针也类似其父，重新变得谨慎、谦逊和具有防御性，主要目的是防止奥地利过于强大，同时与俄罗斯结盟，因此，给普鲁士带来了一段很长的安宁时期。

Ⅶ

历史学家对腓特烈大帝的继承者腓特烈·威廉二世（Frederick William Ⅱ）的评价不高，因为无法原谅他妻妾成群的做法。哈夫纳则认为，这位"胖威廉"的性格正好与腓特烈大帝相反，他不是自由思想者和禁欲者，而是既好色又虔诚。他喜爱艺术、心地善良、情绪冲动、积极进取、雄心勃勃，而且一点也不笨。他所遗留下来的普鲁士的国土面积比他所接收时的大许多，此时的普鲁士较之前轻松自如、充满自信，甚至比较平易近人。之前这个非常理性、穷酸和粗线条的国家在腓特烈·威廉二世的统治下，开始变得文化兴盛、人才辈出。

接下来普鲁士的历史仍然精彩，不过上面这些介绍对了解无忧宫已经足够了。

Ⅷ

无忧宫是腓特烈大帝的夏宫，意思是在那里可以过上无忧无虑的生活，解除工作上的疲劳。无忧宫的大部分建筑是洛可可风格，由国王的朋友、建筑师科诺贝尔斯多夫（Knobelsdorff）设计建造的。

我在欧洲看过一些宫殿，格局都是模仿法国凡尔赛宫，而无忧宫有它自己的特点，小巧玲珑，装饰得也很有风格，下面我依据无忧宫官方指南展开介绍。

无忧宫是一座三翼一层的宫殿建筑，建造在特别为它准备的葡萄山上。

前庭有十对科林斯柱,中间是以战神和丘比特为主题的雕像

雕像细节

经过梯台式葡萄山上宽大的台阶可以到达这里，但人们通常是在背面的北边庭院进入宫殿的前庭，即通过接待宾客的正门。房间内有十对柱头和基座镀了金的仿大理石科林斯柱，结构清晰。由瑞典画家约翰·哈珀（Johann Harper，1688—1746年）绘制的洛可可式拱顶画上，浮在云端的植物神弗洛拉和天使们把鲜花和水果洒向大地和宾客。门上方的镀金装饰浮雕描绘了牧神潘带有花环的头像方碑，酒神巴库斯的胜利游行与森林之神西勒诺斯吹奏着令人陶醉的进行曲。

另一件战神与丘比特雕像中的一个细节很有趣——没有佩戴任何武器的战神象征着无忧宫宁静的气氛。

从高大的窗户向外看，穿过前庭，可以看到一些很异样的景致。我查资料后得知那里是废墟堡（Ruinenberg），当年的艺术家创造了这些围绕水库的人工废墟，目的是为花园里的喷泉供水，直到一个世纪以后，因为有了蒸汽机，人们才能从附近的哈弗尔河（Havel River）中把水抽上来送到废墟堡。

前庭的后面是一个椭圆形的宴会厅，腓特烈大帝就在这里招待他的宾客。无忧宫的庭院采用砂岩柱石，前厅是仿大理石柱石，只有大理石厅用的是真正的大理石，如撑起大厅的八对柯林斯式的意大利卡拉拉大理石，因此，宴会厅又名大理石厅。卡拉拉大理石十分名贵，米开朗基罗就十分偏爱用它进行创作。

阳光透过南边的法式大窗户洒入房间，我们可以看到窗外的葡萄园台阶和露台，那是腓特烈大帝带着狗散步的地方。天窗设在穹顶处，可以看到天空的风景，腓特烈大帝认为这是对罗马万神殿的"自由模仿"。与万神殿不同的是，无忧宫的天窗是被玻璃密封着的，无忧宫的建成意味着腓特烈大帝成功地将法国与意大利艺术巧妙地融合在了一起。在与自然相融的环境里，他得以自由自在地追求哲学、文学、写作和音乐的梦想。宴会厅的顶部是金色的拱顶造型，檐口处矗立着建筑女神、音乐女神、绘画女神、雕塑女神和星象女神等。

腓特烈大帝的宾客在这里可以百无禁忌地谈天说地，宴会厅的一个门头装饰画的内容就是鼓励朋友之间要多多交流。比菲尔德（Bielfeld）是国王诏令的宣读者及忠实的旅行伙伴，他曾写道："我觉得欧洲其他地方的谈话不会比这桌人的谈话水平更高，也不会比他们的谈话方式更特别。在这里，腓特烈大帝已经放下了他的帝王身份，听到同伴们风趣的谈话，他也会开心地笑，而且他对他们也十分友善——他们敞开心扉……任由想象驰骋……"①

宾客中经常有启蒙运动时的著名代表人物、杰出的科学家和进步知识分子，他们经常谈论艺术、文学、哲学、宗教、历史、战争、医学和科技，往往持续几个小时。

餐桌上最有名的人物当属法国哲学家伏尔泰，尽管伏尔泰比腓特烈大帝年长近18岁，有些意见又与他相左，但腓特烈大帝24岁时就与伏尔泰建立了友谊，并维持到这位思想家1778年去世。

在国王的邀请下，伏尔泰1750年7月来到无忧宫并很快成了宾客席的中心人物。他回忆说："地球上，没有哪个地方可以如此自由地谈论迷信，即

---

① Petra Wesch（2012），*Sanssouci: The Summer Residence of Frederick the Great*, Munich: Prestel Verlag, P.15.

椭圆形的宴会厅

椭圆形宴会厅的金色拱顶造型

金色拱顶檐口处的建筑女神、音乐女神、绘画女神、雕塑女神和星象女神等

《无忧宫圆桌会议》,门采尔,1850年,柏林老国家艺术画廊藏

使有，也不会如此肆意。当然了，上帝除外。但是那些以上帝的名义欺骗自己同伴的人们，一个也不能饶恕。"1753年，随着伏尔泰的离开，"圆桌谈话"也渐渐告一段落。柏林画家阿道夫·门采尔的作品《无忧宫圆桌会议》（*The Round Table of Frederick II at Sansouci*）中就有腓特烈大帝、伏尔泰和多位将军贵族。

IX

  大理石厅东面的一道门通向国王的寓所，我们首先看到的是一间小小的接待室，即谒见厅。阴冷潮湿的天气里，深受痛风困扰的国王会在这里单独或与他人一起用餐。旁边有一个卡拉拉大理石装饰的壁炉，房间里总是温暖宜人。壁炉旁边立着一个小的雪松木柜子，柜子的顶部镶嵌着大理石，两边有侧开的门，里面存放的是烧火的木柴。天花板上的画面展示的是西风之神正把他手中的花冠送给浮在云端的植物之神，他们深爱着对方；两个小天使将花瓣撒向大地，另一个小精灵则把雨露洒向人间。

  通向大理石厅的门头装饰画中的小天使手拿一本书，书中写着法语诗句："当太阳再次普照大地，希望它还能看到我们在此谈论诗歌和爱情；它履行诺言，带给我们充满快乐且更加美好的一天，让我们来欣赏这美丽的鲜花和黎明的光环吧。"

  音乐厅门上的几行诗句是告诫阅读它的人们及时享受当下生活，人生短暂。

  音乐厅是无忧宫中最漂亮的洛可可房间，明亮的金色和白色装饰图案创造出一种喜庆热闹的气氛。墙上的大镜子不仅能够反射对面窗户照进来的光线，还可以映射周围华丽的装饰。镜子的使用会给人带来一种错觉，让我们觉得一切事物都变得更大、更明亮、更灿烂夺目。

谒见厅

大理石厅的门头装饰画

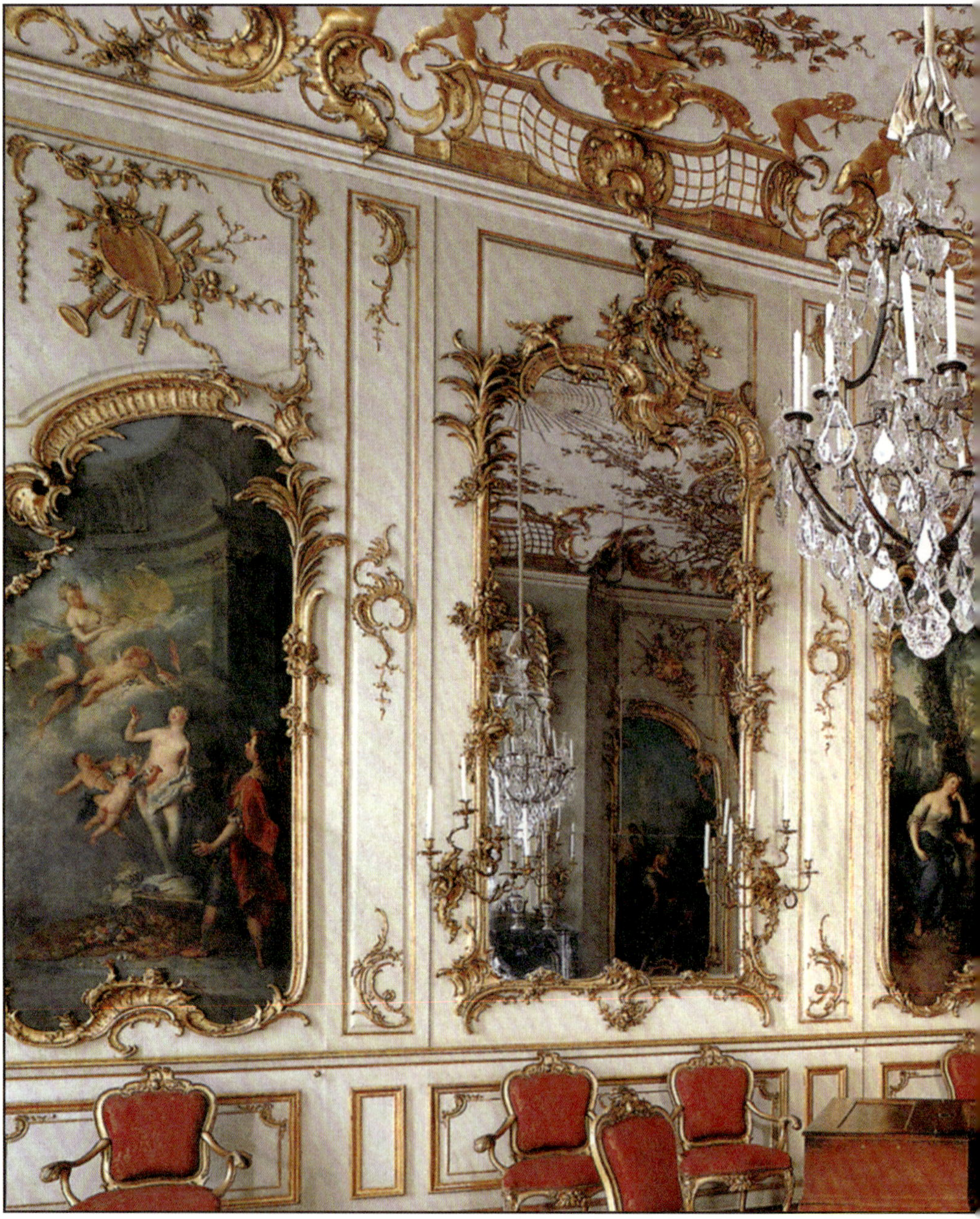

音乐厅

18 世纪中期别致的贝壳造型

镜子让人感觉周围更敞亮、更灿烂夺目

墙与天花板相交处的小天使和动物

天花板上精致的格子图案

029

《皮格马利翁与加拉蒂亚》，佩斯内，1747年，无忧宫藏

应该说，18世纪时欧洲王宫里没有镜子简直无法想象，它们的作用是使房间变得奢华，让住在里面的人被它的魅力所吸引。

优雅流畅的线条、精美的螺旋纹饰似乎在应和着腓特烈大帝吹奏长笛的乐曲。

"洛可可"（Rococo）一词由法语"Rocaille"（贝壳艺术）和意大利语"Barocco"（巴洛克）合并而来。18世纪中期，别致的贝壳造型常常出现在欧洲的家具、墙壁、门、建筑立面以及花园的围墙上。音乐厅里的装饰物风趣又不失优雅，形态奇特而又变化万千，洛可可艺术又一次充满了整个房间。花朵和果实错落有致地盘绕在格子图案上，让人觉得似乎正站在一个金色的凉亭下。镜子外面装有叶子图案的边框，它们被安置在墙上的壁龛里。镜框边上的叶子给人的印象是外面好像还有一个房间，房间里满是绿叶。如果你发挥一下想象力，会觉得这些精致的格子图案好像蔓延到了天花板上，被蜘蛛网固定在那里。

在墙与天花板的边缘，你会看到小天使和动物们在那里玩闹。小天使们好像在用网诱捕那些小动物，而这些小动物则看着不同的方向，并透着欢快的表情。这是洛可可的典型特征。即便我们不知洛可可为何物，照样会被盘根错节的墙壁，尤其是天花板上的热闹景象所吸引。

音乐厅内与谒见厅天花板上的画作，都是腓特烈大帝的宫廷画师安托万·佩斯内（Antoine Pesne，1683—1757年）所绘，其画风恬淡闲适。创作《变形记》的古罗马诗人奥维德在18世纪的欧洲很受欢迎，因为他作品中描绘神的世界的场景可以直接与现实世界的统治者联系起来，加上他在诗中描绘得特别详细，可以直接转换成绘画作品。腓特烈大帝也是《变形记》的爱好者。

音乐厅中五幅作品的主题表现的都是神堕入情网的喜悦，其中的壁画《皮格马利翁与加拉蒂亚》（*Pygmalion and Galatea*）说的是雕刻师皮格马利翁如此迷恋他创作的这件大理石雕像，维纳斯把它变成了有生命的加拉蒂亚。画中的加拉蒂亚舞动的身姿让人想起了当时的著名芭蕾舞演员芭芭拉·坎帕尼尼（Barbara Campanini），她的确在1745年的柏林歌剧院扮演过"加拉蒂亚"。

腓特烈大帝很喜欢芭芭拉，曾给了她12000塔勒的年薪，相比之下，国王只给了宫廷的大键琴演奏师伊曼纽尔·巴赫（Emanuel Bach）300塔勒。后者是老巴赫的儿子，为此，伊曼纽尔·巴赫一直对腓特烈大帝愤愤不平。然而，芭芭拉后来才明白国王除了幽默风趣、彬彬有礼外，还对她设了种种规矩。1749年，她决定向她喜欢的普鲁士首相的儿子表明心意并向国王索取金钱，遭到了拒绝，颜面尽失，不得不离开柏林。

此外，音乐厅也是人们喝餐后咖啡的地方。

X

受到音乐厅独特风格的启发，门采尔创作了大作《腓特烈大帝无忧宫长笛音乐会》（*Frederick the Great Playing the Flute at Sanssouci*）。房间被蜡烛的光照亮，听众身上闪亮的丝绸衣服和墙上金色的装饰图案在烛光的映照下显得更加明亮，一切人和事都沐浴在温暖的烛光下，显得赏心悦目。门采尔说："我只是因为想画吊灯才画了这幅画。在《在无忧宫圆桌会议》中，吊灯上的蜡烛还未被点亮，但在这幅画里，它却熠熠生辉。"

当时水晶吊灯只是在国王的私人寓所和宴会厅里才有，音乐厅内一件由无色水晶和铜制灯架制成的水晶吊灯价值3000塔勒，而无忧宫小画廊里挂着的12幅画家的作品才值3500塔勒。

画中的腓特烈大帝正在亲自演奏长笛，欢迎1750年8月到访的姐姐勃兰登堡-拜罗伊特边境侯爵夫人威廉明妮（Wilhelmine），她恰好坐在大镜子下方粉色沙发正中间的位置上，似乎完全沉浸在弟弟的乐曲中。坐在她右手边的是妹妹安娜·艾米莉亚公主（Anna Amalia），她是一个令人敬畏的作曲家，但此时她好像对身边坐着的那位夫人更感兴趣。在画面右侧的远端，国王的长笛老师约翰·约阿希姆·夸恩茨（Johann Joachim Quantz）在专心聆听他的学生的独奏，只有这位老师才能偶尔用礼貌性的咳嗽来表达意见。据说，国王特别擅长柔板音乐的演奏，这也解释了为什么无论是他自己创作的120首曲子还是老师夸恩茨创作的200首奏鸣曲，开启乐章的都是一段柔板音乐。

我们在画中还发现了伊曼纽尔·巴赫，彼时他还没辞去宫廷的职位，耐心地坐在大键琴前等待表演。

《腓特烈大帝无忧宫长笛音乐会》，门采尔，1852年，柏林老国家艺术画廊藏

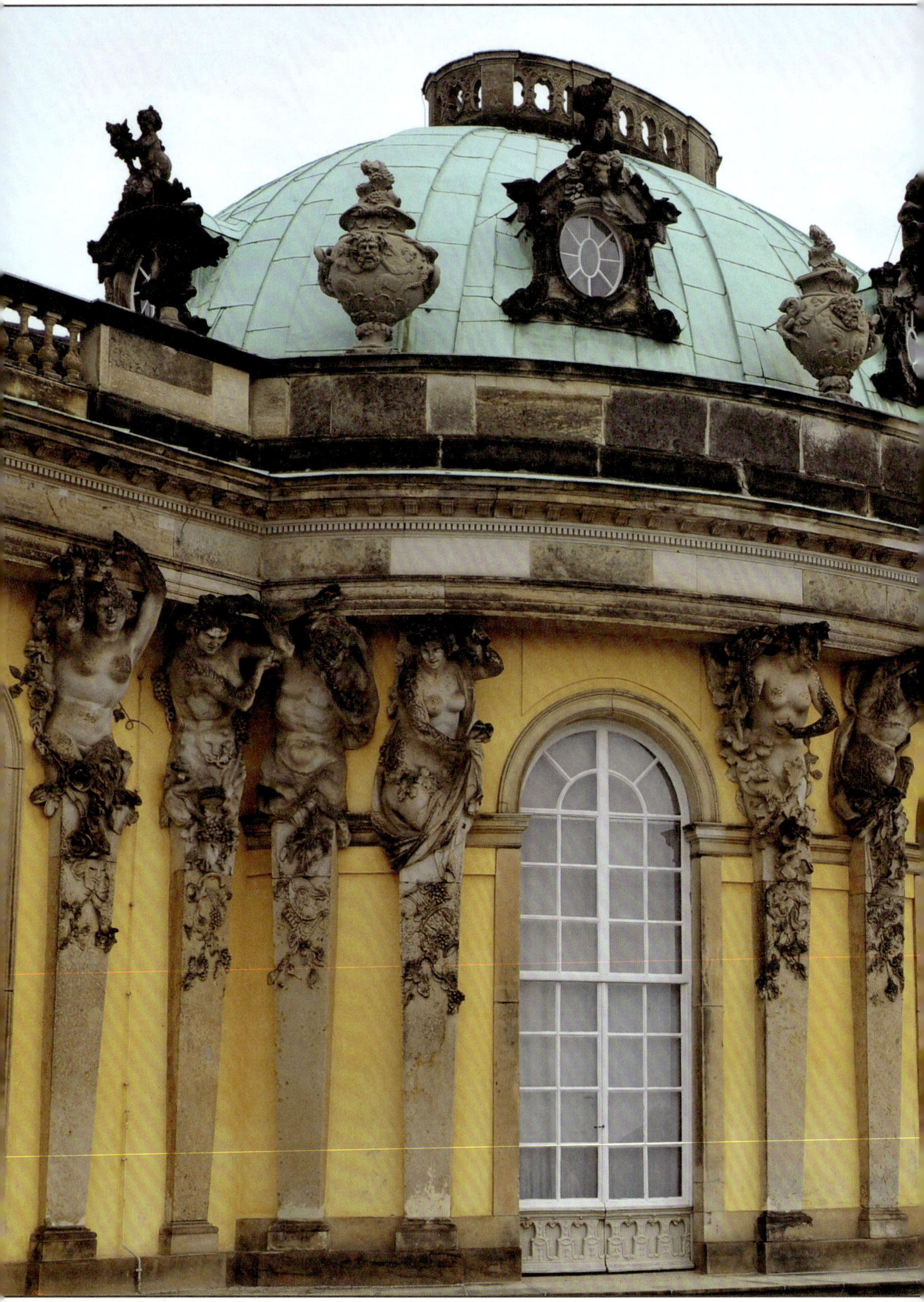

第二章

无忧宫（下）

第二次世界大战后，无忧宫成为东德的著名旅游景点。东德与联邦德国（以下简称西德）合并后，腓特烈大帝的遗体被运回无忧宫并安葬在花园里。1990年，无忧宫及其花园正式被列为世界文化遗产，腓特烈去世时所躺的那张椅子也保留至今。

I

无忧宫里除了图书馆,与腓特烈大帝关系最为密切的是他的书房和寝宫,在这里,他把令人敬畏的名字签到书信和议案上;也是在这里,他学习经济学、政治学和哲学,颁布政令,管教仆人和大臣;他在这里读书、喂狗、睡觉,1786年8月17日在这里死去。

当时人们是这样描述的:"房间里装了很多镜子,它们被高大的栏杆隔开,而这个位置放的正是国王的床,但床已被竖起来,放在床屏后面的壁炉旁。此外,还有一张简单的床,上面铺着枣红色的塔夫绸床单。这张床与周围的家具一样凌乱,原因是国王喜欢的猎犬也住在皇家寝宫里,几张桌子上的书也同样被它们弄得乱七八糟。"[1]

腓特烈大帝在世的时候,这里的风格明显是洛可可式的,但对于他的继承人腓特烈·威廉二世来说,寝宫似乎太过华丽,于是他把这里重新装修了一遍,改成了新古典主义风格,家具也换了位置,只有壁炉仍然保持原状。然而,后来的国王腓特烈·威廉四世却很喜欢腓特烈大帝和他的风格,他找到了腓特烈大帝用过的一些家具,把它们重新放在最初的位置,或者用这位帝王用过的其他物品代替。所以,今天的书房与寝宫里华丽的洛可可家具和室内简约的设计风格形成鲜明的对比,它给参观者的印象是这里的居住者的爱好竟然如此广泛。

历史就是这样,没有专家的导读,凭我们自己想象,经常会错误百出。

---

[1] Petra Wesch(2012), *Sanssouci: The Summer Residence of Frederick the Great*, Munich: Prestel Verlag, P.24.

II

无忧宫有个特别的地方，就是难觅王后伊丽莎白·克里斯丁娜生活的踪迹，她是奥地利特雷莎女王的表姐，不过自1733年与腓特烈大帝结婚以后就不曾住过无忧宫，一直到她的丈夫死去她才踏进无忧宫，她在那里住了12年，直到去世。

我们通常把腓特烈二世尊称为腓特烈大帝，作为"士兵国王"腓特烈·威廉一世的第三个儿子，当时年幼的腓特烈二世的性情深受父亲影响。"士兵国王"的长子在教堂的受洗典礼上，由于被强行戴上一顶过小的皇冠，造成头部受伤而夭折；次子是睡在摇篮中时，因为枪炮声过于接近而被吓死，腓特烈二世遂成为继位者。

生性敏感、喜欢文学艺术的腓特烈王子曾受到父王的鄙视，父王会因他跳离一匹狂奔的马而殴打他，在湿冷的天气因他戴上手套而鞭笞他。腓特烈王子的宫廷教育乏味单调，完全集中于数学、政治及军事领域，文学与拉丁文被刻意排除在外，理由是古罗马人既然已被日耳曼民族击败，为何还要向古希腊罗马人学习？

国王对王子的命令是"必须在六点钟起床，穿上拖鞋后，要跪在床边，简短地向上帝祷告，而且祷告声要足够大，让在场的所有人都听到。他应该以最快的速度一边穿衣服、一边吃早餐。在盥洗之后，必须趁着男仆为他束辫子并在脸上扑粉时把热茶喝完。这一切必须在一刻钟内完成，也就是六点十五分"。

为了培养腓特烈王子对军事的爱好，父亲在他6岁时，便为他组建了一支由131名儿童组成的少年兵团，专供他训练。到14岁时，腓特烈王子就被父亲指派管理"波茨坦巨

音乐厅里洛可可风格的乐谱架

腓特烈大帝的书房和寝宫

洛可可风格的写字台与带有时钟的五斗橱

人近卫队"，这是一支由欧洲各地招募或绑架而来的身材特别高大的男子所组成的部队，"士兵国王"曾对法国大使说："世界上最美丽的女子根本无法引起我的兴趣，我就是喜欢身材高大的士兵。"

III

腓特烈王子不得不按照父王的命令行事，暗地里却称身上的军服是他的寿衣。他在晚上阅读人文主义书籍，在上锁的房间内练习吹奏长笛。

15岁的时候，腓特烈王子随父王访问当时日耳曼最富有、也最声名狼藉的萨克森公国，在首府德累斯顿，腓特烈贪婪地欣赏歌剧和戏剧演出，并且迷恋上了卡列琳娜伯爵夫人（Katharina Rutowska）。伯爵夫人是萨克森选帝侯奥古斯都二世（Augustus II the Strong）的私生女，也是他的情妇。这位国王喜欢美女，一共生下355名子女。

奥古斯都二世在邀请普鲁士国王父子参观宫殿时，让人拉开某间卧室的帘子，让他们看看赤裸的高级交际花。父亲看后，呼吸急促，慌张不安，马上告辞；但腓特烈王子的反应却不同，奥古斯都二世当场把一位女子送给了他。

回到柏林，腓特烈王子迷上了男色，他喜欢上了年轻英俊的贵族汉斯·赫尔曼·冯·卡特（Hans Hermann von Katte）。他们决定在一个夜晚逃离普鲁士军营，去英国。不幸东窗事发，卡特被处死刑，父王还要腓特烈到现场观看。腓特烈看后，随即昏厥两天，从此性情大变。

腓特烈王子不那么喜欢女性，只有心情好时，才喜欢与她们亲近，之后又对她们鄙夷不屑。他奉父王之命，与克里斯丁娜结婚，但结婚典礼过后就与妻子分居，两人没有子嗣。王子只是每年到妻子的住处例行拜访一次，一起喝喝咖啡，如此而已。

腓特烈王子有不少男性情人，情人的构成也充满了国际色彩。

IV

无忧宫的书房和寝宫当初挂的是绿色的绸缎，与花鸟的金色格子相得益彰，在这样的房间里，即便是图画的装饰也会比较突兀，腓特烈大帝不喜欢把自己的画像挂在房间内。

今天，无忧宫藏有多幅出自不同画家之手的同名作品——《腓特烈大帝像》（*Friedrich der Große*），壁龛里放的是1745年佩斯内的作品，画中的腓特烈大帝被描绘成一位充满自信的军事统帅，因为这一年他赢得了第二次西里西亚战争的胜利，首次被人尊称为"腓特烈大帝"。

另外一幅画像是在七年战争结束后画的，画家约翰·乔治·奇耶尼斯（Johann Georg Ziesenis，1716—1776年）摒弃了那些具有代表性的佩饰，只有一枚简单的黑鹰勋章，也没有象征国王地位的貂皮大衣，随着年龄的增长，腓特烈大帝越来越不喜欢佩戴贵重的饰品。

《腓特烈大帝像》
佩斯内，1745年，无忧宫藏

《腓特烈大帝像》
奇耶尼斯，1763年，无忧宫藏

《带着灵缇犬的腓特烈青铜像习作》,沙多,1821年,无忧宫藏

《带着灵缇犬的腓特烈青铜像习作》（A Bronze Study of Frederick the Great with his Greyhounds）是约翰·戈特弗里德·沙多（Johann Gottfried Schadow，1764—1850年）在1821年创作的，他写道："为了打发时间，我做了一个比腓特烈大帝小一半的雕像，他右手拄着拐杖，左手叉在腰间，摆了一个普通的姿势。让我们来看看这个雕像的效果，为增加效果，我打算雕刻几条他喜欢的猎犬，它们将会分得一点这位伟大君主的光彩。"①

在无忧宫出口附近还挂着一幅美国现代波普艺术家安迪·沃霍尔（Andy Warhol，1928—1987年）的同名画作《腓特烈大帝像》，模仿的是1781年最有名的《腓特烈大帝像》，但有着沃霍尔一贯的风格。

《腓特烈大帝像》，沃霍尔，1986年，无忧宫藏

---

① Petra Wesch（2012），*Sanssouci: The Summer Residence of Frederick the Great*，Munich: Prestel Verlag，P.26.

V

每年四月底到十月初,腓特烈大帝都会来无忧宫,到他晚年时许多亲密的朋友都去世了,庆祝活动就越办越少。因深受痛风的折磨,这位国王的脾气变得越来越坏,也越来越孤独。

腓特烈大帝每天只睡五个小时,凌晨四五点就开始工作,他要考虑饱受战争摧残的国家的重建问题,有时怀疑自己的命令未被执行,他还要亲自督察,但人们很快就能认出他来——这个拖着一双病腿的老头拄着拐杖,还常常牵着他心爱的狗。"腓特烈大帝"如今成了人们口中的"老弗里茨"(Der Alte Fritz)。

根据传统,当年腓特烈大帝把他父亲的尸体郑重地平放在棺木中,随后,这位"士兵国王"以皇家葬礼的规格入葬。然而对于他自己,腓特烈大帝却希望有个不一样的葬礼。西里西亚战争结束后,死亡的问题常常萦绕在他的心头。1752年,他在遗嘱中宣布:"我活着的时候像哲学家,希望我死后也能像哲学家一样被埋葬——我不要盛大隆重的场面,也不要什么仪式……"

腓特烈大帝于1786年8月17日凌晨2点20分在书房中去世,他躺着的那张椅子保留至今。接着,腓特烈大帝被安放在他父亲旁边的陵寝里。

腓特烈大帝死后,流传的逸闻趣事常常把他描绘得十分完美。有一幅画作展示的是国王与一位侯爵视察梯形露台上腓特烈陵墓的修建情况,也就在这时,侯爵建议腓特烈国王把这座宫殿命名为无忧宫。据说,腓特烈大帝指着他的陵墓回答说:"我亲爱的侯爵,估计只有躺在那里的时候,我才能了无牵挂(无忧)。"

腓特烈大帝去世20年后的1806年,拿破仑大军攻占柏林,来到波茨坦腓特烈大帝埋骨的"宫廷禁卫军驻防教堂"(Potsdam Garrison Church)附属墓园里。拿破仑带领一群军官走到这位普鲁士国王的墓穴旁,对军官们说:"各

腓特烈大帝去世时躺的椅子

位请脱帽，假如他还活着，我们就不可能在这里了！"

但是，腓特烈大帝死后并没有得到安息，第二次世界大战期间，他和父亲的棺木先撤到哈尔茨山脉附近的钾矿区，然后经过一番波折，在1952年抵达黑兴根镇（Hechingen）的一个小教堂，这里是普鲁士王族霍亨索伦家族的领地。

两德统一后的1991年8月17日，腓特烈大帝去世205周年纪念日那天，他终于葬在无忧宫的梯形露台花园的陵墓里，实现了他的"将吾骨与爱犬一同葬于无忧宫花园"的愿望。现在，腓特烈大帝与他的十一条爱犬静静地睡在无忧宫花园里，墓前供奉的是马铃薯。

七年战争后，为了让日益增多的民众获得足够的食物，腓特烈大帝开始尝试栽培从南美洲引进的马铃薯，下令挑选田地，进行种植实验，并派士兵在田地站岗放哨，于是有流言说只有国王才能享用马铃薯。一些饥民偷偷地潜入王家种植园，将马铃薯"偷"回家。有意思的是，士兵们没有捉拿这些"小偷"，因为国王早就告诉他们装糊涂，不要阻止和惩罚偷窃者，马铃薯就此在普鲁士传播开来。

VI

参观者是通过小画廊进入无忧宫的，小画廊连接着前庭和寝宫，自身也作为展厅来展示这位国王收藏的部分名画和雕塑。"长长的房间被墙上的壁龛和窗户边上的镜子分隔开来，房间里的雕塑几乎要从淡色的仿大理石壁龛里走出来似的，那些画在漂亮的金色木制画框里透着自己独特的美。粉刷的灰泥使得墙壁和镜子充满了活力，房顶的天花板上，顽皮的小天使把花瓣撒向大地。房间里的金色、柔和的灰色和微微发亮的粉紫色调带给人一种尊贵的感觉。地面上则刻画着陶醉在美酒里的酒神祭司,在螺形脚桌案下面独自嬉戏。'相互关爱,共享生命'就是它传达的精神。根据无忧宫官方指南的说法,海塞伯爵夫人曾拜访过腓特烈大帝,回去之后,她言辞犀利地说道:'看来墙边窄小的洛可可沙发不欢迎我穿的撑箍裙啊。'对于腓特烈大帝而言,无忧宫意味着'无妇宫',就是'没有女人'的意思。"[①]

腓特烈大帝情有独钟的华托是洛可可风格的代表画家,无忧宫所收藏的华托最早的一幅作品是《集会上的演员》(Actors at a Fair),它直到1924年才出现在公众的面前,而且保存状况不佳。虽然华托创作过不少类似题材的作品,但画家要在它上面展示所有的技艺,应该是急于找到买家吧。从这幅早期作品还能看出华托画了几组人物参加聚会的场景,他们都是相对独立、自成主角的。

连接前庭和寝宫的小画廊

---

① Petra Wesch(2012), *Sanssouci: The Summer Residence of Frederick the Great*, Munich: Prestel Verlag, P.34.

《集会上的演员》,华托,约 1708 年,无忧宫藏

《乡村婚礼》,华托,约 1712 年,无忧宫藏

无忧宫的第二幅华托作品《乡村婚礼》(The Village Bride)描绘了大队人马簇拥着一对新婚夫妇前往教堂的场景,牧师正在门口等待他们的到来。华托在画中表达的是人们汇聚一堂的架势。德国艺术史家赫尔穆特·伯尔施-祖潘认为,"尽管新郎和新娘没有坐在马车上,但从人们眼神注视的方向和两条小狗奔跑的方向上,还是能够迅速判断出新婚夫妇在画中所在的位置。""画中108个人物被安排得十分合理而又游刃有余,人们或斜躺,或坐着,或成组站着。同时,华托也像堆积木似的将其中的一些人物安排成其他样式的造型。这些都暗示出当时婚礼队伍正处于暂停的状态,显示出一种庄严感。"①

但这幅作品的保存状况也不佳。

VII

赫尔穆特评论认为无忧宫的《音乐会》(The Concert)是华托最富感染力的作品之一,"在这幅画中,对音乐的纯粹表达创造出一种基于'不安'与'松弛'之间的细致气氛。画中弹琵琶的人正拨动着手中的乐器,他的身影直立在开阔景色的前面,这是一位技艺娴熟的艺术家。除他之外,画中还有一个由四位成年人组成的人物群、两个小孩和一条狗,他们共同构成了一个三角形的轮廓。三角形的顶端就位于狄俄尼索斯的胸像处,在树林背景的反衬下更加突出。靠在矮凳旁的大提琴将弹琵琶的人与画中的其他人物连接起来。

画中的音乐会还没开始,时间也还未沉浸在音乐中,在此过程中,任何事情都有可能发生。铺满石砖的前景为画面空间赋予了一种秩序感和韵律感,促使画面的空间向里延伸了三步。在前景区域之外,便开始进入并不合乎规律的神秘自然区域,其中的一对恋人却显得相当和谐。右侧呈三角形构图的人物群和前景人物的安排彼此呼应。

---

① [德]赫尔穆特·伯尔施-祖潘:《华托》,吴晶莹译,北京美术摄影出版社2015年版,第68页。

《音乐会》，华托，约1716年，无忧宫藏

  另外一种手法，即'对于儿童心智发展的观察'的首次出现似乎是在《音乐会》这幅画中。坐在大提琴旁边、背向观众的女孩正在凝神关注着成年人的活动，她的裙褶上闪烁着光芒，仿佛是以视觉描画出来的音乐一般。她或许已经由此预见到自己的未来，而身旁的小女孩却对此似乎无所顾忌，正在忙于喂一条小狗。"①

  《意大利人的户外娱乐》（*Italian Recreation*）的画面构图很简单，三对男女的安排几乎是对称的，两旁的恋人，两对面向我们，一对背向我们，画面中央的人物正在为调情的恋人弹奏动人的乐曲。最左侧有座维纳斯雕像，右侧的单身男士似乎与维纳斯彼此厌恶，可以说是华托将旁观者拉入了洛可

---

① [德]赫尔穆特·伯尔施-祖潘：《华托》，吴晶莹译，北京美术摄影出版社2015年版，第86至87页。

《意大利人的户外娱乐》，华托，1720—1721年，无忧宫藏

可的世界。

门采尔被公认为是19世纪的现实主义大家，可他画《腓特烈大帝无忧宫长笛音乐会》的笔调竟然与华托出奇地相似，难道是腓特烈大帝搭建的奇缘？

无忧宫官方指南则认为，华托的画常常会描绘一组经过挑选的人物，他们在大自然中弹琴、跳舞，过着无忧无虑的生活，在玩乐中阶级的差异逐渐消失，丘比特也在做着自己喜欢的事情。知晓腓特烈大帝受过严苛教育的人都能想象得到为何他会如此向往这样的生活，华托作品中弥漫着淡淡的忧伤，让他想起了自己痛苦的过往。

当腓特烈大帝还是王储时，他不得不迎娶一个他不喜欢的女人来换取自由，在无忧宫当国王时，这里留给他的只有悲伤的回忆。

无忧宫图书馆

VIII

小画廊不远处是图书馆，馆内有一个狭窄的过道将国王的书房和寝宫连在一起，图书馆只允许国王一个人进入。腓特烈大帝把图书馆建在圆形的地基上面，与其他房间隔着一段距离，它是宫殿里最私密的地方，也是这位君主装饰得最漂亮的洛可可风格的房间。与音乐厅喜庆的白色和金色相比，图书馆温暖的色调创造了一种平静、和谐的氛围。

与过去一样，今天的无忧宫图书馆仍是大门紧闭，只能从门窗看个大概。我们通过官方指南得知：圆形的雪松书架装饰着亮闪闪的铜制花纹，雪松木在古代被用来建造所罗门圣殿与埃及法老的寝宫，很是珍贵。和音乐厅一样，图书馆中的大镜子也是用来反射从法式大窗户里透进来的光线，馆内被衬托得比较柔和。圆顶上的那个金色太阳不是绝对王权的象征，而是启蒙运动时期共济会的标志。腓特烈大帝曾夸赞自己是一位开明的专制君主和自由思想家。

图书馆的书柜都比较低，以便这位身高不足1.53米的国王可以轻松地够到。空白的墙壁是为放置装饰浮雕留出的。清晨坐在桌旁，腓特烈大帝不仅可以瞧见东边天空的太阳，还可以一直看到远处矗立着的著名的《祈祷的男孩》（The Praying Boy）雕像。这尊古希腊青铜雕像于1503年在爱琴海罗德岛被人发现，很快它就被转手多次，直到1747年腓特烈大帝花了5000塔勒才把它从列支敦士登的温泽尔王子（Prince Wenzal of Liechtenstein）手里买回来。《祈祷的男孩》原件收藏在柏林的老博物馆内，古希腊的青铜雕像原件很少流传下来，弥足珍贵。但《祈祷的男孩》刚出土时，双臂是残缺的，人们因无法接受这种"缺憾"，所以在不知原型为何的情况下，为雕像接上了双臂。

腓特烈大帝是个狂热的书籍收藏家，仅仅在无忧宫就藏有2288本法语书。每本书都有羊皮与牛皮制作的封皮，有美丽的"巴黎封皮"和"柏林封皮"。柏林封皮是由当地的工匠制作的，尽管它们的艺术价值不低，但比起巴黎封皮，它们还是便宜得多。

腓特烈大帝青少年时代经御用教师的帮助，秘密建立了自己的"珍品收藏室"，那是一座几乎都是法文书籍、内容丰富的个人书库，他常坐在靠窗的座位上，花几个小时背诵亚里士多德、拉伯雷和博舒埃的著作。成年后，他最喜欢的作家是塞内加、马可·奥勒利乌斯和荷马，在图书馆中，荷马与塞内加的塑像并排放置着。

IX

无忧宫还有一部分是客房。与国王住处的窗户一样，客房的窗户也是朝南开的。因为宫殿是建在平地上的，所以宾客们从他们的房间出来可以直接到梯形露台去，不必再从仆人的居住区绕一圈。

与国王的寓所相比，客房非常朴素，装饰也很简单，这些房间的天花板都没有图画，只有伏尔泰屋（The Voltaire Room，又名花室）的天花板例外。客房里只有一张床、三四把椅子和一张桌子，宾客们常常用香水或香粉遮盖他们身上的异味，因此他们没必要洗澡。客房的吊灯是玻璃制作的，国王房间的吊灯用的是法国最好的无色水晶。

每位宾客只能住一间房，所有房间的风格都很相似。窗户对面的壁厢里放置着一张床，床的对面有一道门，仆人可以从这里进来提供服务。门的左边有一间储藏室，用来放衣服。客房的正后边，也就是宫殿的北边，是仆人们居住的狭小的房间。

X

无忧宫官方指南上说，18世纪的无忧宫设计师会用同一种布料来缝制墙纸、床罩、窗帘和椅套，以求整体上和谐统一的效果。

17世纪时，意大利是当时先进的丝织品生产国，直到18世纪被法国超越。丝织工艺是在1685年后由受迫害的新教徒胡格诺难民从法国带到普鲁士的勃兰登堡，而普鲁士的第一批桑树是"士兵国王"腓特烈·威廉一世在位时种下的。1740年，腓特烈大帝继位后就开始支持国内丝织品的生产和加工，充实了空虚的国库，他同时还建立了新的林场，例如1785年波茨坦大儿童福利院空地上的桑树就超过1000棵。蚕的饲养工作主要由警长、牧师、校长和教堂司事承担，这些人由战争办公室和国家财产管理部门轮流监管。参照法国的惯例，对于那些取得优秀成果的人，腓特烈大帝也会奖励他们奖章和纪念币。想想也有趣，由空闲的公务员来养蚕，人力资源一点儿也不浪费。

羽缎、绸缎、锦缎和天鹅绒被制成各种床罩、椅套等，缀上许多金色或银色的穗带或流苏。18世纪时，室内装饰特别流行轻柔的色调，腓特烈大帝尤其喜欢天蓝、粉红、桃红、浅灰绿和银色这几种颜色。王宫里的丝织物都是用天然的染料染色的，一些图案被多次使用，有些图案在普鲁士的其他宫殿里也能找到，只是织物的颜色不同罢了。

国王房间的丝绸制品的质量与客房明显不同，客房的丝绸制品中只有一半是蚕丝制作的。

无忧宫内的房间都面朝南方，丝绸制品的平均使用年限只有三四十年，强光、温度和湿度的变化，加上虫蛀，最终把这些精美的织物破坏殆尽。为了保护它们，19世纪的普鲁士王宫就把丝织物原封不动地复制下来供游客观赏。

伏尔泰屋（又名花室）

伏尔泰屋天花板上围成花环状的鲜花图案与异域小动物

XI

无忧宫西侧坐北朝南的第四间客房极其特别,它就是被误称为"伏尔泰屋"的房间(实际上伏尔泰没住过这里)。与无忧宫的其他房间相比,这里没有造型精美多变的洛可可装饰品,取而代之的是大自然风格的装饰物,大量的果实、鲜花、花环以及本地和异域的小动物以自然的色彩装饰着整个房间,这些精美的雕饰给黄色的墙壁增添了生机与活力。鲜花图案在天花板上再次出现,它们围成一个松散的花环,花朵在枝藤上自然地垂下。因此,它也被称为"花室"。

伏尔泰屋里雕刻精美的果实浮雕提示我们,腓特烈大帝曾在无忧宫种植有大片果树。夏季到来时,无忧宫前梯形果园里的橘树果实可以装满700个大桶。果园里还有葡萄、无花果树、桃树和杏树。无忧宫的园艺工还发明了储藏室,十一月收获的葡萄可以在那里一直保存到来年二月。此外,温室可以促进各种瓜类、香蕉和凤梨的生长,玻璃墙可以让樱桃、李子等水果早些成熟,这使得国王的餐桌上每天有新鲜的水果供应。国王也命人采摘一些水果作为礼物送给贵宾,有一次,国王的母亲在三月过生日,腓特烈大帝给她带来了一碗刚刚采摘下来的樱桃,让他的母亲惊喜万分。

XII

离开伏尔泰屋,该是走出无忧宫的时候了。我想去看看差不多半小时步行距离的新宫(New Palace)与途中的中国茶亭(Chinese House)。17至18世纪,由于贸易线路的不断开拓,欧洲人被包括中国在内的遥远大陆所吸引,中国也因此成为他们的梦想之地,尤其是中国瓷器风格与当地传统相结合,形成了"中国风"。

中国茶亭和金色砂岩雕像

造型怪诞的金色砂岩人物雕像

  腓特烈大帝通过当时的图片来了解建筑和花园设计的流行趋势，中国茶亭是根据他的草图，由设计师约翰·哥特弗里德·布林（Johann Gottfried Büring）在1755—1764年设计并建成的。地面部分的设计图仿照的是三叶草的形状：塔状的圆顶下面，三间耳房聚集在建筑的中央，由层层阶梯间隔开来，周围装饰着华丽的镀金圆柱。

中国茶亭内的猴馆

塔顶上盘坐着的镀金中国官员塑像看起来非常怪诞,也许是受1667年耶稣会士出版的图书中的一幅插图的启发,才增加了这个形象。它既有孔子的特征,又有手握双蛇缠绕权杖的罗马神话中的诸神使者的腔调,与这栋建筑的其他装饰图案一样显得不伦不类。

棕榈树模样的廊柱的底部固定着金色砂岩人物雕像,他们有的在弹琴,有的在喝茶,有的在吃东西,戏剧效果十足。这些代表中国人物形象的雕塑更像是身着东方服饰的中欧人,他们似乎在参加宫廷化装舞会。1745年,在莱茵斯堡举行的一场化装舞会上,王室成员都扮成了中国皇帝派来的特使,当时腓特烈大帝也在场。

温暖的夏日,腓特烈大帝喜欢在中国茶亭的一间圆形房间内设宴款待宾客,该房间被腓特烈大帝称为猴馆,高处墙壁上画了许多具有中国特色的动物,有狒狒、猴子与鹦鹉,通过描绘动物来表现人类的弱小是欧洲自古以来都很流行的艺术手法。1742年,腓特烈大帝创作了一部独幕剧,名为《时髦的猴子》。剧中,这只"文质彬彬"的猴子身着带拉夫领饰的服装,佩戴着一副眼镜。腓特烈大帝创作的灵感可能来自他的一位朋友——后者认为,人和动物没有本质的区别。

我们好不容易来到新宫,却很是令人失望。七年战争以后,腓特烈大帝下令在无忧宫王家花园建造普鲁士18世纪最大的宫殿,以此证明王国的经济虽历经三次战争但还依然正常。经过1763—1769年的建造,这座超过200米长的豪华宫殿终于完成。

新宫唯一给我留下印象的是洞窟厅,厅内装饰使用的是大量的蚌壳、珊瑚与矿物宝石,具有德国洛可可风格,大而无当,与无忧宫的风格不可同日而语。

新宫全景与局部

洞窟厅（左下图）与新宫内景

XIII

我们又返回无忧宫的梯形露台，旁边是绘画馆，虽然里面的画不少，我只想看一幅，那就是卡拉瓦乔的《圣多马的怀疑》（The Incredulity of Saint Thomas）。

《约翰福音》（20:24-29）记载耶稣复活，向众门徒显现，但有个叫多马的门徒不在，那些门徒对他说："我们已经看见主了。"

多马却说："我非看见他手上的钉痕，用指头探入那钉痕，又用手探入他的肋旁，我总不信。"

过了八日，门徒又在屋里，多马也和他们同在。门都关了，耶稣站在当中说："愿你们平安！"就对多马说："伸过你的指头来，摸我的手；伸出你的手来，探入我的肋旁。不要疑惑，总要信。"

《圣多马的怀疑》，卡拉瓦乔，约 1601—1602 年，无忧宫藏

无忧宫绘画馆

多马说:"我的主,我的神!"

耶稣对他说:"你因看见了我才信,那没有看见就信的有福了!"

英国艺术史家西蒙·沙马在《艺术的力量》中评论道:

一切端庄得体的委婉表达全被抛开。证据就在探寻的深处:基督用他带着神圣伤口的手,将多马那根又硬又长的手指拉向自己,引其探入身体上那道如嘴唇般豁开的杏仁状伤口,直至整个关节埋入其中。使徒手部的污秽指甲和粗糙皮肤令这一探入既有侵略的震撼,也有牺牲的慈悲。启示与信仰都写在多马那拱起的眉毛和额上的皱纹之中,也写在这几位弯着腰、呆呆地凝视着伤口的使徒身上,在其具有的冷峻张力之中,他们仿佛是在观察一次医治过程。

无忧宫绘画馆的画作展示方式与一般美术馆不同,馆内顶天立地、密密麻麻地挂着画,《圣多马的怀疑》没有受到特殊的照顾,反倒是混迹其间。我很幸运,有备而来,很快找到了这幅画,呆呆地看了许久。

离开绘画馆时暴雨如注,我们走在空旷的无忧宫花园内,电闪雷鸣,真还有些畏惧。本想去 1945 年 7 月召开著名的波茨坦会议的塞西琳霍夫宫(Cecilienhof Palace),但叫不到出租车,只好急急忙忙地坐上公交车去火车站。雨中的公交车站都是人,车子终于来了,后面的人突然将排队的人群冲乱,我们也只能采取中国式战术,迅速挤上车。在湿漉漉且拥挤的公交车上,想起了我的澳洲老同学的话:"欧美人在公共场合有礼貌,那是地广人稀,一旦人多拥挤,也是一片混乱。"我这次就遇上了。

新宫与门前的雕塑

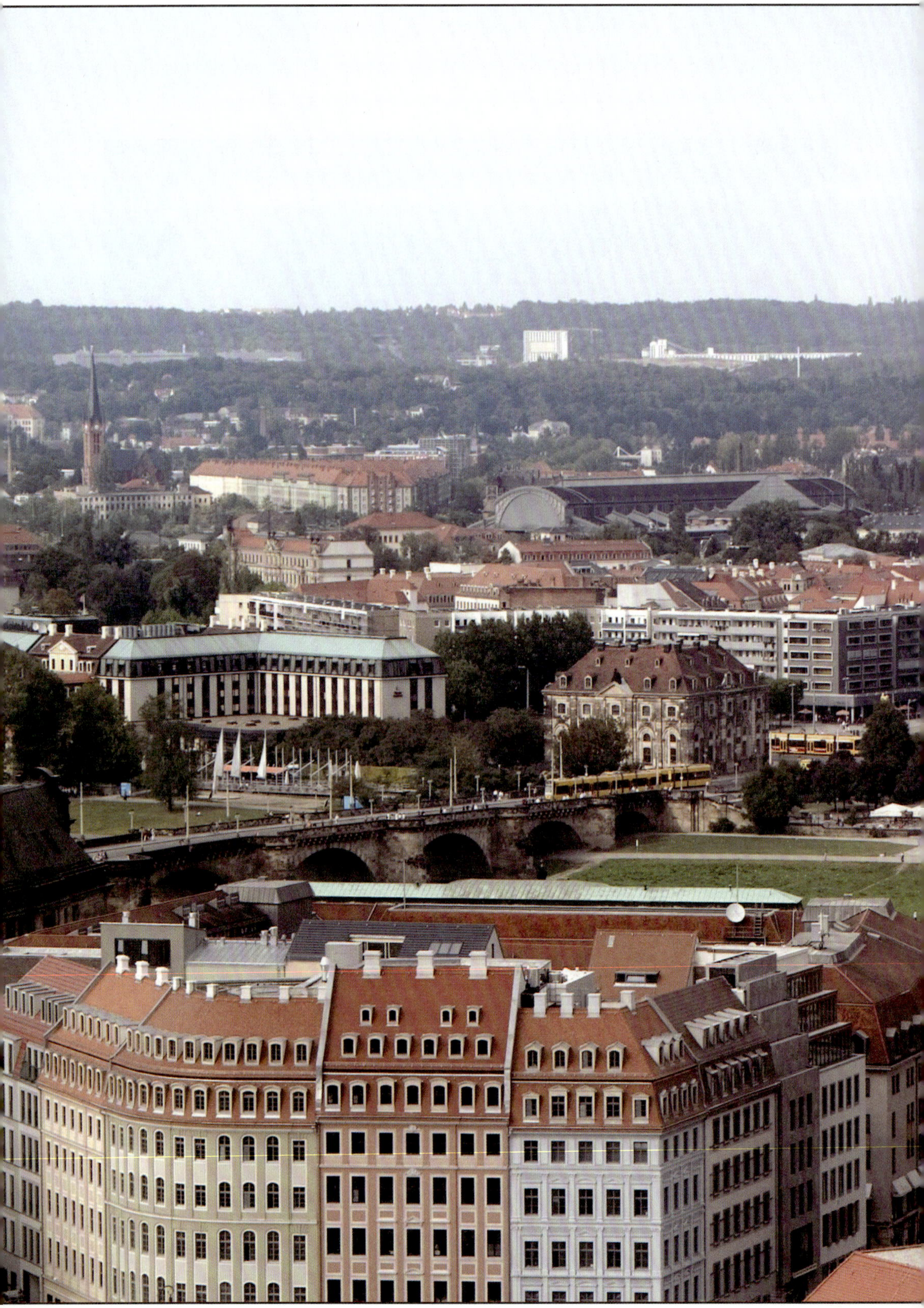

第三章

德累斯顿圣母大教堂

王侯列队图

布吕尔平台

坐落在德国萨克森州首府德累斯顿的圣母大教堂最初建于18世纪，第二次世界大战期间毁于英美盟军对德累斯顿市的轰炸。东德政府统治下的50年间，这里一直以废墟示人，作为战争纪念。人们今天所见的这座巴洛克式圣母大教堂，是两德统一后重建并于2005年完工的建筑。

I

一直想去德累斯顿，主要是因为我在20多年前看了冯尼古特的《五号屠场》。冯尼古特属于黑色幽默作家，黑色幽默的代表人物当然是《第二十二条军规》的作者海勒，冯尼古特也不错，他的书我都看了。

在《五号屠场》及其他书中，冯尼古特提到最多的一件事是1945年2月13日至15日德累斯顿被英美盟军猛烈空袭。冯尼古特原来在美国康奈尔大学读生物化学专业，1943年初投笔从戎，到欧洲前线作战，1944年12月中旬被俘，1945年1月中旬他刚被送到德累斯顿南方劳动营，就遇到了2月的德累斯顿大空袭，所幸他当时藏身在一座屠宰场地下室的肉品储存库里，才躲过一场浩劫，平安回到美国。

1945年5月底，冯尼古特在一封家书中写道："大约在2月14日，美国人来了，接着英国皇家空军也来了。在24小时内，他们合力炸死了25万人，而且把整个德累斯顿——可能是全世界最漂亮的城市——炸毁。但我没有死。"

24年后，冯尼古特出版了《五号屠场》，控诉盟军的暴力行为，在越战期间大为畅销，1972年还被拍成电影，更是引发了人们对德累斯顿遭受空袭罪责的讨论。

II

德累斯顿自1485年起就是历代萨克森公爵王宫的所在地，是个艺术之都，曾被文豪歌德称为"易北河上的佛罗伦萨"，即使在第二次世界大战期间，人们也不认为德累斯顿是个军事要塞或纳粹政治中心。

但在英美盟军的眼里，没有空防的德累斯顿是东线战场的交通要冲和运转枢纽，是大量军需品的供应重镇、保护完好的政府运筹中心。盟军认为通过摧毁还没被攻击过的首府德累斯顿，能迅速瓦解德国人的斗志。

1945年2月13日深夜，英国皇家空军在短短15钟内就将德累斯顿老城区的四分之三统统轰炸了一遍，这些地区瞬间成为火海，不少平民在高达1000℃的大火中被活活烧死。紧接着，又发动了三波类似规模的空袭，一个晚上总共扔下了3000吨炸弹。接下来的两天，英国皇家空军又轰炸了消防队和医院等民间救护机构。

这种做法明显过激。丘吉尔是轰炸德累斯顿的主要倡议者，3月28日却假模假式地给参谋总长写了一份备忘录："摧毁德累斯顿的行动在盟军的轰炸计划里引起了严重质疑……外务大臣跟我谈到了这件事，我认为有必要更确定地专注在军事目标上，例如，当前作战地区究竟需要多少油与通信设施；而不是想以炫极一时的威吓行动进行不顾后果的盲目摧毁。"

丘吉尔意识到，他不仅要面对历史，也要应付当前民众的质疑。因为在许多英国人眼里，轰炸德累斯顿就像摧毁日本的东京，都意味着毁灭文艺古都，在战争的尾声是多此一举。

花亦芬于《在历史的伤口上重生：德国走过的转型正义之路》一书中写道，从1942年2月起至战争结束，盟军一共轰炸了130余个德国城市，因盟军空袭而死亡的德国民众约有60万人，受伤90万人，另有750万人流离失所。死亡人数最多的是汉堡，受空袭威胁最大的是科隆。相比较德累斯顿遭遇的突如其来的空袭，第二次世界大战期间，科隆经历了200次地毯式的空中轰炸。

Ⅲ

然而，如果将罹难人数与原居民人数相比，德累斯顿是第二次世界大战期间盟军空袭德国城市中居民死伤率最高之地。因此，不少人将德累斯顿比

德累斯顿街景（范瀚文 摄）

喻为"德国的广岛"。

对于德累斯顿空袭究竟死亡了多少人一直有争议，冯尼古特说是25万人。1963年，有位英国学者写的畅销书《摧毁德累斯顿》认为超过10万人。2004年年底，德累斯顿政府成立历史调查委员会，展开全面清查，5年后宣布1945年2月的德累斯顿空袭死亡人数在1.8万到2万人之间，最多不会超过2.5万人。

为什么当时德国政府曝出的死亡数据如此恐怖？原来是在纳粹宣传部长戈培尔的一手策划下，试图利用同盟国的国民反对自己国家的军队疯狂杀戮之民意，企图反败为胜。在新闻操纵下，德累斯顿的罹难人数顿时超过了实际数字的10多倍，冯尼古特的25万死亡人数就是这么来的。

所以，有人认为这是"戈培尔最后的杰作"："他的新闻宣传手法就是让自己的国民相信，这完全是盟军想灭绝德意志民族的谋算，若在此时想与盟军谈和，只会沦为他人的俎上肉。既然无法光荣得胜，至少要激起人民不想任人宰割的恐惧与绝望，将这场已经成为困兽之斗的战争强撑到最后。"[①]

IV

在纳粹历史上，戈培尔是仅次于希特勒的魔头。《想象之城：与二十三位经典人物穿越柏林五百年》一书的作者罗里·麦克林把戈培尔称之为"造就希特勒的人"。

1897年，戈培尔出生于德国一个虔诚信仰天主教的贫穷家庭。第一次世界大战爆发，有着狂热爱国主义激情的戈培尔因患有小儿麻痹症而无法当兵，随着德国战败，其兄长死于战壕，一个妹妹死于肺结核，这让戈培尔彻

---

① 花亦芬：《在历史的伤口上重生：德国走过的转型正义之路》，（中国台湾）先觉出版公司2016年版，第278页。

底失去了宗教信仰。作为一名文学青年，他在大学里共创作了三出戏剧和一部小说，到大学毕业时却无法出售这些作品，他只能失业回家，不断的挫折让身无分文的戈培尔将怒火转向犹太人。在20世纪初，100位最富有的普鲁士富豪中有三分之一是犹太裔，当时的柏林已成为全世界犹太人聚居最多的城市之一。

戈培尔深信，"真正的德国人"是西方文明的创作者与护卫者，犹太人却是社会的寄生虫，只会利用别人的创造力和生产力，为了进一步掌控全世界，他们在实施一套有系统的计划。戈培尔把当时德国所有的乱象都归咎于犹太人，"我站在德意志民族这一边，我讨厌犹太人是基于我的本能与理解力，我从灵魂深处厌恶他们"。

当戈培尔读完希特勒的《我的奋斗》，如获至宝。他在日记里写道："这个人是谁？既是人，又是神。他是耶稣基督吗？或只是为耶稣基督施行洗礼的约翰？这个人具备一切王者的条件！"

无所事事的戈培尔第一次听完希特勒的演讲后感叹道："何等的声音！何等的手势！何等的热情！这正是我想在他身上看到的东西。我几乎无法克制自己，我的心跳已经停止，我紧紧地抓住他说过的每个字。此刻我已经明白，这位领导人生来就是为了担任国家的领袖。我已经准备好为他奉献一切。"

希特勒深知戈培尔这个年轻的激进分子对他的价值。1925年，戈培尔与希特勒见面，戈培尔写道："他跳了起来，跟我握手时就像个老朋友，那双蓝色的大眼睛就像天上闪亮的星辰。他天生就是人民的保护者，也是未来的执政者。"

V

1926年，戈培尔成为柏林市纳粹组织地方领导人。当时戈培尔面临极大的困难，因为柏林号称拥有全世界数量第二多的共产党员，仅次于莫斯科。据说，柏林拥有25万名共产党员、4000个活跃的政治团体和25份立场雷同的报纸。反观纳粹组织，只有200名纳粹成员，而且还被当局禁止。

戈培尔到柏林的第二天就去波茨坦瞻仰腓特烈大帝的陵墓，在无忧宫看到他的画像深受鼓舞。他写道："在最紧急的关键时期，历史将赐给人民最伟大的人物……柏林对我们而言确实是一个中心，一座世界之都。"

德累斯顿街景

戈培尔开始塑造纳粹的公众形象。首先，他在柏林的一些酒馆和青年俱乐部举办一系列演说，他演讲的热情顺利地为纳粹争取到一批新成员。戈培尔的演讲滔滔不绝，富有趣味性与煽动性，而且还带有传道的热忱。

接着，戈培尔通过提供免费啤酒与一套帅气的制服吸引一些暴力滋事的失业青年与种族主义者加入纳粹冲锋队，并调度突击队的各个战斗单位，在柏林掀起一场暴力的政治斗争。他设计并安排纳粹党员在一些争执与冲突的场面中惨遭痛打，借由扮演无辜受害者的角色，博取市民对于纳粹党普遍的同情。

罗里·麦克林在《想象之城：与二十三位经典人物穿越柏林五百年》中举了个例子：有一次戈培尔组织400名冲锋队员在闹市巡视，看到共产党员和犹太人，一律下手殴打，然后向媒体谎称："我们带着和平的目的来到柏林，红色阵线战士同盟（魏玛共和国时期德国共产党的准军事组织）却攻击我们，让我们在柏林溅血。我们不愿意再当二等公民！"

戈培尔在柏林的劳工聚集区以左轮手枪与铁制旗杆武装纳粹成员，让他们用言语挑衅辱骂共产党人士，继而引发双方打斗，然后把在暴力冲突中丧命的纳粹死者说成是烈士。此外，他还在纳粹地方报诉说这些"壮烈牺牲"的纳粹死者的故事，挑起人们对共产党人、犹太人和政府的仇恨。他让漫画家为纳粹设计了一些充满种族与阶级偏见的宣传海报，画面不外乎描绘高贵的雅利安（日耳曼）斗士、脑满肠肥且支持资本主义的银行家以及好色又唯利是图的犹太人。

戈培尔写道："宣传……只有一个目标，这个目标在政治上无非就是征服群众。"

VI

1928年的德国选举，纳粹在全国的得票率不到3%。但1929年美国股市崩盘，引发全球经济萧条，柏林市失业人口暴增50多万，人们怨声载道。戈培尔迅速抓住机会，让纳粹势力坐大。

戈培尔利用"第三帝国"这个概念，将突然壮大的纳粹与德意志民族如神话般的历史相连接。罗里·麦克林分析道："戈培尔告诉德国人，他们有机会建立一个新德国，一个因为种族同质性而让内部得以团结的新德国，而且基于无可否认的历史事实，这个新德国必须传承伟大的神圣罗马帝国（'第一帝国'），以及霍亨索伦王朝建立的德意志帝国（'第二帝国'），所以应该被称为'第三帝国'。他还为'第三帝国'描绘未来理想的愿景，让德国社会中的穷人与弱势者对将来抱有希望。"

夕阳下的易北河

戈培尔通过强力的宣传把希特勒塑造成半神半人的形象，近乎神话。纳粹第一次在柏林举行大型集会时，现场挤满了10万名支持者，戈培尔刻意让他们等待两个小时，提升他们一睹希特勒风采的渴望。

当有人在体育馆外面大喊"他来了！他来了！"时，馆内的纳粹支持者突然从忠实的信徒转为狂热的群众。随后希特勒——犹如一位演技精湛的演员——进入会场并走上讲台时，他那些热情的追随者便立刻报以热烈的掌声。"德国同胞们！"这位纳粹最高指挥者高喊着，"请加入褐衫突击队的行列，并带领一个觉醒的新德国迈步前进！"

纳粹在1930年的国会选举中大获全胜，赢得600多万张选票，并拿下107个议席。18个月后，戈培尔精细策划"希特勒飞跃德国"的造势活动，这是德国政治人物首次以搭乘飞机的方式前往各地的政治集会场合。短短一个月内，戈培尔派出的纳粹滋事分子在柏林便引发了400多起暴力事件，他们殴打、谋杀或烧死反对派人士，几乎将首都推向内战的边缘。在皇宫大花园那场盛大的集会中，他和希特勒在讲台上面向腓特烈大帝的柏林皇宫时，还一度激动得流下了眼泪。他们的那场演讲让在场的20万名支持者相信，只有纳粹才能把德国从布尔什维克分子的无政府主义中解救出来。"我的作为愈伟大愈崇高，上帝啊，我自己也愈伟大愈崇高。"戈培尔在日记中自夸。

1933年纳粹在国会选举获得大胜后的当晚，戈培尔在一个现场广播的节目中发表演说，骄傲地指出，在德国这么伟大的民族共同体里，不论是工人、农民、学生、军人或中产阶级，不论是资产阶级或无产阶级，不论是天主教徒或新教徒，所有的人民只需要明白一点，"你是谁，你属于哪个国家，以及你是否声明支持你的国家"。

Ⅶ

20世纪30年代末期，身为纳粹德国的国民教育暨宣传部长——戈培尔的任务就是塑造民意。《想象之城：与二十三位经典人物穿越柏林五百年》继续叙述道：戈培尔曾驳斥宣传是次要的观念，甚至有一次说："要不是我们已经成为伟大的宣传艺术家，现在就不会出现在这个都会里了。"宣传活动的目标就是"以高尚的方式将它灵巧地隐藏起来，而让那些被灌输了某种宣传思想的人仍对于宣传活动背后的目的浑然不觉"。

为了操控人民的情感与想法，戈培尔一再举行一些场面浩大的活动，密集地对人民进行洗脑。他下令在每个城市及乡镇举行火炬游行，每个窗户都必须挂着纳粹旗帜，还通过各种不同的宣传方式不断重复相同的讯息，持续向人民灌输纳粹的思想信条。

纳粹认为，女人的任务是为国家生育下一代，她们必须"承认战争是所有事物得以存在的基础"。由于希特勒是单身，戈培尔和他的妻子玛格达（一位离过婚、野心勃勃、曾吸引希特勒注意的女人）成为德国的第一家庭，在新闻影片和画报杂志中，戈培尔一家住在希特勒送给他们的无忧宫附近的别墅里，其乐融融。

可很快，玛格达与戈培尔的国务秘书传出绯闻，戈培尔则与捷克演员巴洛娃（Lída Baarová）坠入情网，事情一发不可收，玛格达主动找上巴洛娃，表示愿意共侍一夫。戈培尔却不愿过这种"三人行"的生活，他只想与情妇在一起，甚至为此宁可到日本做领带生意。玛格达只能找希特勒。希特勒下令夫妻双方和解，并要求戈培尔结束闹得沸沸扬扬的外遇事件。戈培尔只好顺从希特勒，放弃他心爱的巴洛娃，因为他更无法忍受失去希特勒的垂青与关爱。

但戈培尔后来处于严重的情绪低潮，整个人陷入深深的寂寞中。他在日

德累斯顿街景（范瀚文 摄）

记里写道:"现在开始新的生活,艰难、残酷,而且只能恪守本分地服从。盛年不再。"他的忧郁症愈来愈严重,他的演说即使乍听上去仍满怀热忱,却因为缺乏真挚的情感听起来很刺耳。"不管元首下令做什么,我都会做",他哭泣地说道。他已被囚禁在不道德的成功以及热烈渴求希特勒的关爱中,他已被带往罪恶与血腥中,他的灵魂已被放逐到一片冷酷无情的荒野上。

VIII

《想象之城:与二十三位经典人物穿越柏林五百年》中写道:1945年苏军逼近柏林,在元首的地下碉堡里,戈培尔与希特勒凝视着墙上那幅腓特烈大帝的肖像。随后,戈培尔拿出19世纪苏格兰历史学家卡莱尔的《普鲁士腓特烈大帝的历史》,大声念出1762年那个让腓特烈大帝奇迹般地脱困的历史段落:"……这位伟大的国王已无法从当前的困境中找到任何出路,他已不再有任何计划;所有的将军与大臣都心里有数,普鲁士国即将败亡;敌国已在盘算普鲁士的毁灭,他即将面临的一切将是如何险恶……英勇的国王!"戈培尔继续读着,"请再等待片刻,因为幸运的日子已来到浮云的后方,天空中的云翳将很快地散开,它们就会降临在您的身上。"

我在前面讲述无忧宫时曾提到,由于俄罗斯女皇的突然去世,她的继承人(编者注:指彼得三世)是腓特烈大帝的粉丝,他竟然让俄国军队调转枪头,与普鲁士结盟,反攻法国与奥地利盟军,腓特烈大帝奇迹般地化险为夷。

戈培尔念完这段引言时,希特勒的眼里已含着泪水。几天后,传来美国总统罗斯福的死讯,地堡内的纳粹高层以为奇迹就要出现了。当然,作为赌徒,希特勒与戈培尔的运气早已用尽,形势不可逆转。戈培尔在最后一次广播谈话中提到,撒旦的力量已摧毁人类世界曾出现过的最美好的文化。根据

《想象之城：与二十三位经典人物穿越柏林五百年》的说法，历史永远无法说明，这是一个民族抛弃了它的领导者，还是一位领导者遗弃了他的人民，毕竟这就是胜利。

1945年4月28日，苏军攻入柏林市区。29日，戈培尔为希特勒与他的情妇证婚。30日，希特勒夫妇自杀，戈培尔根据希特勒的遗言成为德国总理。5月1日，戈培尔的妻子让6个孩子用添加了安眠药的热可可服下氰化物胶囊，戈培尔枪杀妻子后，自杀身亡。

IX

我们住在德累斯顿圣母大教堂广场旁的速韦特斯酒店（Hotel Suitess），地点选对了，但酒店选错了。我们走进酒店，前台服务员的表情冷冰冰的，没什么笑容，这往往是不靠谱的象征。我们订的酒店并不便宜，要200多欧元一个晚上，与我们住的柏林丽晶酒店差不多。之所以选择这里，只因为它是酒店式公寓，房间比较大，有厨房和客厅。

一进房间，就觉得异常闷热，而我们一路过来，德国的天气比较凉快啊。再仔细看，房间里没有固定的空调，只有一台小型的移动式空调。我们以为开了空调很快会使房间降温，便出去吃晚饭。吃好晚饭回来，房间依然很闷热。我们真是纳闷，外面可是很凉快啊。

没办法，只能请楼下的服务员来看这台移动空调出了什么毛病，为什么不制冷？他来看了说不出个所以然，走了。我热得没办法，只好穿条短裤，上身几乎没穿衣服。

这个场面真是难堪啊。

服务员看到这场面，不得不送上一杯啤酒，可这有什么用。

易北河两岸风光

　　我走到窗前，想把窗户打开，忽然发现脚下很热，难道脚下有什么热量传上来？仔细看，是一排貌似散热用的排气口。我恍然大悟，原来是移动空调的散热管塞在了房间的排气口上。

　　这家酒店的工作人员想当然地把窗前地板上的一排貌似排气口的装置当成了排气口，就把移动空调的散热管放在上面，这无疑是内循环，也就是说空调排出来的热气照样回到房间内。

　　这让我想起了一个笑话，有人为了不让空调散热装置在外面被风吹雨打，竟然将它装在屋子里。

　　我赶忙把散热管放到窗外，房间很快就降温了。

　　我真有些恼怒，这种马马虎虎的事情怎么会出现在向来以做事严谨著称的德国人身上！

X

　　事情还没完。卫生间里老旧的海尔洗衣机没法工作，只能再找服务员，他猛地拍了几下，终于启动了。但我们发现洗衣机内极其肮脏，好不容易清洗干净了，可心里总觉得不适；好不容易睡着了，大清早却发现窗帘无法拉严实，阳光射入，没法入睡了。

第二天晚上再洗衣服时发现必须开启全程模式才能洗好衣服，如果启动快速模式，最后会留下一汪肥皂水。没办法，只能开全程模式洗衣，等到深夜衣服才洗完。

第三天我只能向楼下貌似女主管的工作人员抗议："很难想象，我们是在德国的一家高档酒店住宿。"她被说得失去了笑容，一脸的不以为然。当我告诉她，"我要向力推这家酒店的网站投诉"时，她还是无所谓的样子。

我在国外的高端酒店还是第一次遭受如此待遇，有些想不明白。

我觉得速韦特斯酒店的服务水平只能与中国 20 世纪八九十年代的服务相比，难道德累斯顿的几十年东德岁月改变了这个曾经文明现代的城市？我在德累斯顿逗留的时间很短，几乎没去过原来的东德地区，心中只能存疑。

这种疑问来自我在柏林前东德国家安全局博物馆的感受，那位门房工作人员真的与速韦特斯酒店的前台服务员很像，没有笑容，态度生硬。这种情况在中国的高端酒店已经绝迹了吧。

在广场的另一边有希尔顿酒店，我很后悔，是否住在那里可能会好些？

可能也未必。这家希尔顿酒店内有一家日食店，格局看上去很高档，关键老板还是日本人。我们出门在外，向来认为日本人做事情很认真，基本功一定很好。我们满怀期待地去吃，发现它的米饭不好吃，肯定不是来自日本，其他的菜肴就更一般了。

日本餐馆的米很重要，从日本进口米不是一件很复杂的事情吧？

向来做事以严谨著称的日本人与德国人生活在德累斯顿后都变质了？这

仅仅是个案？我心中还是存疑。

XI

德累斯顿圣母大教堂（Dresden Frauenkirche）据说是德国最大的新教教堂，是18世纪的建筑，但在1945年2月的大空袭中被摧毁。它不是被炸弹炸毁，而是无法承受烈焰的高温，最后坍塌了。在东德时代，这里一直处于废墟状态，1994年前后才开始重建，耗费了1.8亿欧元，终于在2005年年底落成。大教堂在夕阳下的身姿很美，离开德累斯顿的前一个夜晚，我们走进教堂，它的二楼很像剧院，也许是我们期望太高，没有什么触动。

德累斯顿的老城区不大，以圣母大教堂为圆心，一般景点十多分钟就能走到。著名的"欧洲阳台"——布吕尔平台（Bruhlsche Terrasse）离大教堂只有几分钟的路程，坐在平台的长椅上眺望易北河两岸风光，十分惬意。有天黄昏的周末我们来这里，对岸正好在举办露天音乐会，至少有几千人吧，壮观。我也在清晨时分登上过布吕尔平台，没什么人，风光迷人。

傍晚时分的布吕尔平台

德累斯顿圣母大教堂

德累斯顿圣母大教堂内景（范瀚文 摄）

距离大教堂广场附近的希尔顿酒店几步之遥的就是《王侯列队图》（Procession of Princes），它是一幅长达102米的用迈森瓷砖拼成的著名壁画，描绘的是从1127年至1904年间萨克森王侯的骑马像和各个时代的科学家、艺术家、工匠、农民等人物。《王侯列队图》本是威廉·瓦尔特（Wilhelm Walther）通过五彩拉毛粉饰技艺所创作的绘画，由于损坏严重，在1904—1907年用这24000块瓷砖翻新了一

长达 102 米的《王侯列队图》

遍,因为它是德累斯顿大轰炸残存下来的建筑,所以古意盎然。

我虽有心理准备,可看到它时还是觉得很振奋。后来几次路过它,没有了惊艳之感,每次仍然要留意一番。我有时想,如果德国那时不折腾,德累斯顿应该是非常典雅的,现在只能感受个大概。

好在德累斯顿大部分瑰丽的艺术品没被毁灭,这才是它的灵魂所在。

《王侯列队图》（局部）

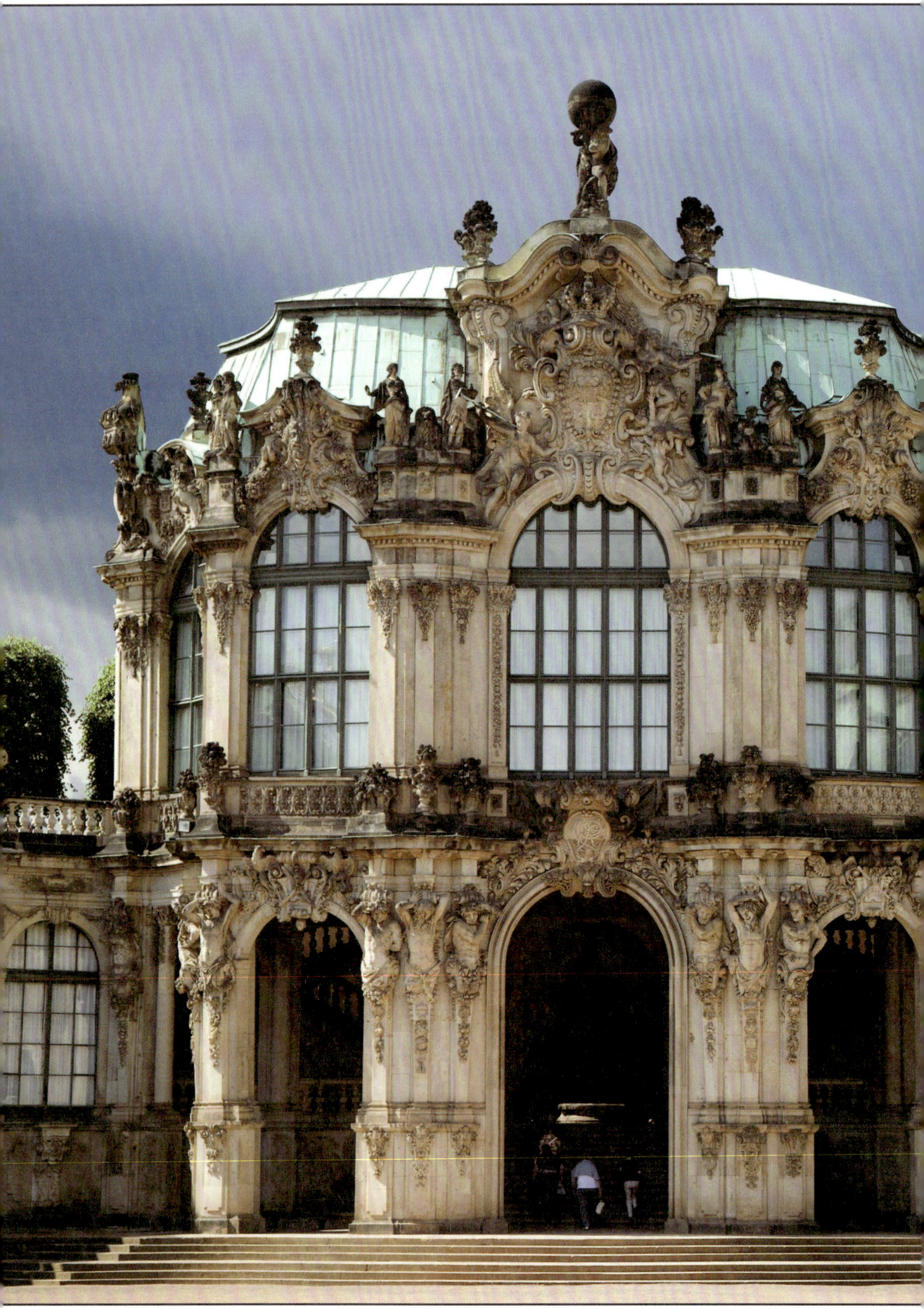

第四章

绿穹珍宝馆（上）

建造于1732年的绿穹珍宝馆是欧洲历史上最为悠久的博物馆之一。它由当时的波兰国王与萨克森选帝侯——绰号"强力王"的奥古斯都二世所建，藏有包括巴洛克与古典主义艺术在内的大量艺术珍品。由于英美盟军的空袭，绿穹珍宝馆在第二次世界大战期间损毁严重。今天的绿穹珍宝馆主要分为底层的绿穹珍宝馆与二层的新绿穹珍宝馆。

I

绿穹珍宝馆（Green Vault）是一座位于德累斯顿王宫（Dresden Castle）的博物馆，分为一楼的绿穹珍宝馆和二楼的新绿穹珍宝馆，藏有几个世纪以来韦廷王朝的王公贵族所收藏的珍品。之所以被称作绿穹珍宝馆，是因为当初馆内柱子的底座与柱头被漆成了类似孔雀石的那种绿色。

萨克森人是以北德意志为据点的日耳曼民族的一支，在公元9世纪成为查理曼大帝（Charlemagne）统治的法兰克王国的一部分，萨克森的首领威都金德（Widukind）改信基督教，并被封为"萨克森公爵"。其实公爵（Herzog）一词源自哥特语里的"Harjatugô"，意思是"军队首领"。德意志最早的萨克森、施瓦本、巴伐利亚、法兰克尼亚和洛林五大公爵都是各地区带兵打仗的首领，后来成为镇守一方的封疆大吏。公元919年，萨克森公爵亨利当选为东法兰克王国的国王，他得知自己当选国王时正在捕鸟，所以被称为"捕鸟者"亨利（Henry the Fowler），他开创了萨克森王朝，这标志着德意志国家的建立。965年，德意志国王奥托一世（Otto I）由罗马教皇加冕为神圣罗马帝国皇帝，他在萨克森邦的起源地迈森设立"边境侯爵"的头衔，并将其授予韦廷家族。

14世纪，萨克森公爵（韦廷王朝）成为德意志帝国的七大选帝侯之一，位高权重。1806年萨克森升为王国，韦廷家族统治这个地区长达830年。

绿穹珍宝馆的艺术品和古玩陈列室始于1560年左右，后来的强力王奥古斯都（即前文提到过的奥古斯都二世）将藏品打造成为世界著名的珍藏系列，自1715年开始在王宫的西翼陈列，不久又建造了一幢华丽的房屋，用来存放这些珍宝。在德累斯顿大轰炸中，绿穹珍宝馆几乎彻底被毁，2005年完成了修复。

幸好其中的珍宝展品在1938年已经转移至国王岩堡垒（Königstein Fortress），但1945年被苏联红军运往苏联，直到1958年才归还给德累斯顿。

我有个疑问，如果德累斯顿属于西德，苏联会归还吗？

II

先看底楼复原的绿穹珍宝馆吧。

首先是入口的大厅，收藏的是一些颇为重要的中世纪和文艺复兴早期的小型艺术品。

萨克森与波兰的渊源极深，奥古斯都二世曾经也是波兰国王，所以当2009年的德累斯顿国家艺术收藏总馆的展品在北京展览时，命名为"白鹰之光：萨克森–波兰宫廷文物精品（1670—1763年）"。

绿穹珍宝馆入口大厅处的藏品

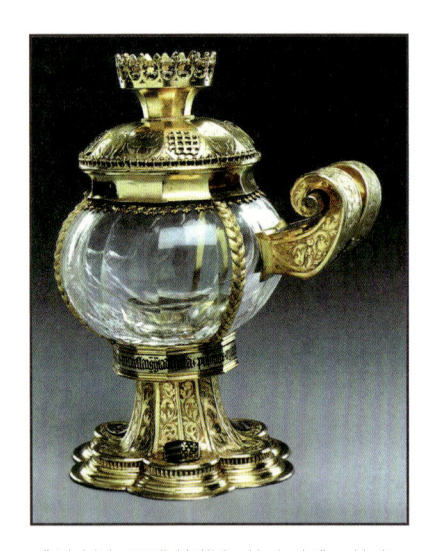

《波兰女王雅德维加的水壶》，佚名，14世纪下半叶，绿穹珍宝馆藏

入口大厅（Entrance Chamber）处有一件《波兰女王雅德维加的水壶》（Vessel of Queen Jadwiga of Poland）。雅德维加来自尊贵的安茹王朝，她的父亲——身为匈牙利国王与波兰国王的拉约什一世（Louis I of Hungary）在1382年去世后，她与姐姐分别继承了这两个王国。1384年雅德维加以10岁女孩的身份加冕为波兰女王。波兰贵族为了联合立陶宛对抗条顿骑士团（普鲁士的前身），让她在1386年与立陶宛大公约盖拉（Jogalia）结婚，开创了波兰雅盖隆王朝（Jagiellonian Dynasty）。婚前，女王以为岁数比她大两倍的不信教的男人一定是粗鲁不文的，但婚后发现约盖拉是天天洗澡的文明人（这在欧洲非常稀罕，欧洲人由于不洗澡才发明了香水）。

壶体部分的水晶经过切割而成，可能是在巴黎或威尼斯制作的。华丽的金属底座制作于克拉科夫。底座环饰上的拉丁铭文缩写表明雅德维加计划将这把水壶赠送给克拉科夫的瓦维尔大教堂，用来纪念大教堂的主保圣人温塞斯拉斯（Saint Wenceslaus，或译作圣文才），并祈祷自己死后能升入天国。然而，1399年，26岁的她死于产后并发症，原本打算的捐赠最后也没能实现。

这把富有象征意义的水壶可能是作为庆祝1496年波兰雅盖隆王朝的芭芭拉公主（Barbara Jagiellon）和萨克森公爵乔治（George the Bearded）的新婚贺礼被带到德累斯顿的。

我看上这把水壶是因为它大气方正，富有雄浑感。

III

这件作品名为《珊瑚装饰的带盖餐盘》（Covered Dish with Coral），"椭圆形的盘子由澄澈透明的水晶制成，其盖子上方装饰着一簇精致的红珊瑚。作为天然形成的物质或生物，它们与镀银底座的亚光表面完美契合，使得这件作品非常符合文艺复兴时期人们的品位"。

古希腊传人认为，水晶乃是水凝结形成的永恒之冰。在中世纪的礼拜仪式上，水晶象征着纯洁与忠贞的神圣力量，人们相信水晶具有神奇的治愈功效。水晶盘体上有漩涡形的花纹，可能是14世纪上半叶在巴黎打造的，之后又由威尼斯石匠雕琢。水晶碗底的镀金圆章上刻有勃兰登堡公主厄尔德穆特（Erdmuthe of Brandenburg）的名字，她是波美拉尼亚公爵约翰·腓特烈（John Frederick, Duke of Pomerania）的妻子，餐盘的底座也是什切青市宫廷匠人埃吉迪乌斯·布兰克（Egidius Blanke）制作的（编者注：什切青是历史上波美拉尼亚地区的一座大城市）。

这个餐盘有可能在1583年时被带到了德累斯顿，作为厄尔德穆特送给她妹妹勃兰登堡公主索菲（Sophie of Brandenburg）的礼物，索菲嫁给了萨克森选帝侯克里斯蒂安一世（Christian I, Elector of Saxony）。

《珊瑚装饰的带盖餐盘》，布兰克，1583年，绿穹珍宝馆藏

《珍珠母水壶和水盆》，约 1540 年，绿穹珍宝馆藏

入口大厅内最后一件让我感兴趣的《珍珠母水壶和水盆》（*Mother of Pearl Basin and Ewer*）是葡萄牙商人从印度西北部的古吉拉特邦带到德国南部的。1540年前后，来自纽伦堡的金匠可能为这两件富有东方童话风格的器皿配置了底座以满足文艺复兴时期德国贵族的奢华需求。"水壶原来的铜芯则被新制的银质基座覆盖，其壶颈部分和鸟状的壶口相互重叠，外加一个高高卷起呈圆弧状的把手和结构精巧的壶脚。所有新加上的部分都紧扣在原来的壶体上。这一欧洲特色的基座最大限度地保留了印度器皿的传统特色。"[1]

IV

从进入琥珀厅（Amber Cabinet）开始，观者都必须经过两道玻璃门的入口，而且每次只能通过两人，这种保安措施只有在柏林联邦议会大厦才能见到。

---

[1] Dirk Syndram, Jutta Kappel, Ulrike Weinhold（2014），*The Historic Grunes Gewölbe at Dresden, The Baroque Treasury*, Berlin & Munich: Deutscher Kunstverlag, P.35.

绿穹珍宝馆琥珀厅

琥珀厅的艺术品均由来自波罗的海地区的多种高品质的琥珀制成，从文艺复兴一直到巴洛克时代结束，波罗的海的琥珀艺术品价值连城，经常被当作国礼或外交礼物送给萨克森等王室。

原本有奥古斯都二世的19件琥珀工艺品在珍宝厅东墙的中央镶嵌板上展出，但现在这种展出方式不再可行，琥珀这种树脂化石对保存条件的要求非常高，需要恒定的温度以及特定的湿度，所以，我们现在看到的琥珀艺术品被妥善地收藏在装饰着萨克森蛇形图案的特殊空调展示柜中。半昏暗半明亮的采光方式，让金光闪闪的琥珀藏品显得格外神秘。

我以前对琥珀制品没什么感觉，但这次眼界大开。比如这件《鹦鹉螺外形的饮水器皿》（*Parade Vessel in the Form of a Nautilus*）是1662年勃兰登堡选帝侯腓特烈·威廉送给萨克森选帝侯约翰·乔治二世（John George Ⅱ, Elector of Saxony）的礼物。

第一眼看到这个器皿，人们可能会认为这个杯子是从一整块琥珀上切割下来的，因为杯壁光滑精致，看不出一丝拼凑的痕迹。德累斯顿的文物专家尤塔·卡佩尔却认为事实并非外观所呈现的那样，杯身主体经过了30多种切割工艺，透明的块状琥珀装饰着这一亦公亦母的海上神秘生物的外形，器皿内部的底面上是一个极小型的拿着葡萄和鼓的孩童样的酒神浮雕，它附在一块椭圆形的块状琥珀上。微微歪曲且雕刻精美的浅色琥珀组成了器皿的边缘，鹦鹉螺状杯身上坐在全身长满鳞片的海怪身上的是海神尼普顿，动态感十足。

这件作品的作者是柯尼斯堡的琥珀切割师雅各布·海斯（Jacob Heis），他原藏于柯尼斯堡王宫的与之相似的器皿在第二次世界大战时被毁，海斯的最后一件器皿则收藏于布达佩斯应用艺术博物馆。

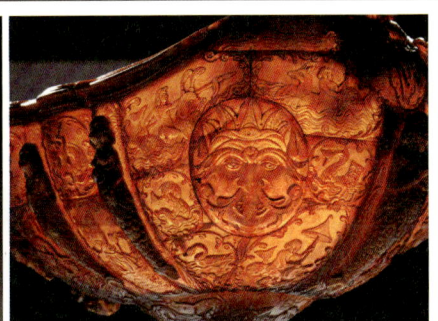

《鹦鹉螺外形的饮水器皿》，海斯，1659年，绿穹珍宝馆藏

　　我们在游览波茨坦无忧宫时得知，普鲁士"士兵国王"腓特烈·威廉一世与儿子腓特烈二世曾在1728年出访萨克森，这是一次政策外交，因为自1719年起，普鲁士开始与萨克森交恶，双方随时会短兵相接。普鲁士国王父子在德累斯顿受到了宫廷礼遇，逗留了一个月。奥古斯都二世于同年5月回访了普鲁士的波茨坦和柏林。

　　于是，"士兵国王"将在柯尼斯堡匆忙用琥珀制成的双门橱柜送给了奥古斯都二世。当时这种尺寸的家具只能通过镶嵌工艺制作，各种各样的琥珀贴花被小心翼翼地一个个镶到木质的橱柜上，让人以为这是一个由琥珀制成的橱柜。

《琥珀制成的双门橱柜》,1728 年,绿穹珍宝馆藏

《琥珀象棋盘》，绿穹珍宝馆藏

卡佩尔介绍道：这个琥珀橱柜备受瞩目和赞扬，不仅是因为它较大的尺寸和精致的外观，还因为其抽屉内所藏的珍宝，包括女子使用的针线盒、绅士用的鼻烟盒、纽扣和做成美女腿型的小棍。大一些的抽屉里还有象棋盘、单人跳棋和琥珀做的棋子。玻璃橱龛里的耶稣受难十字是1760年后放进去的。

V

对于18世纪乃至今天的访客而言，象牙厅（Ivory Room）是绿穹珍宝馆的第二个展厅，现在还保留着18世纪20年代的12种不同的意大利大理石的装饰风格。

我欣赏的两件牙雕作品是《马和狮子》与《制作弓的丘比特》。

《马和狮子》，巴塞尔，
1670—1672年，绿穹珍宝馆藏

《马和狮子》（Horse and Lion）出自宫廷御用雕刻师梅尔基奥·巴塞尔（Melchior Barthel，1625—1672年）之手，他年轻时离开德累斯顿，先后游历了德国南部和罗马，接着在威尼斯度过了富有创意的17年。1670年，他回到了德累斯顿的宫廷，两年后去世了，这件牙雕就属于他这一时期的作品。

《马和狮子》模仿的是巨大的古罗马大理石雕像（现藏于罗马卡皮托里尼博物馆的保守宫）。雕刻大师詹波隆纳（Giambologna，1529—1608年）也从这件大理石雕获得过灵感并创作过类似作品，后来的青铜仿品在底特律、罗马、巴黎卢浮宫等地均有收藏。

这件象牙雕塑的原主人是海因里希·冯·布吕尔伯爵（Heinrich von Brühl，1700—1763年），他当时的影响力仅次于奥古斯都三世。为了维持自己的地位，他从1740年开始建立自己的收藏，十年下来，收藏规模可以达到与国王相媲美的程度。不过终究无用，1763年七年战争结束后，他的没落与崛起一样充满了戏剧性，他结束了在华沙的流亡生涯后回到德累斯顿，但不久就去世了。

《制弓的丘比特》（Cupid Carving a Bow）展现的爱神丘比特是个丰满的婴儿形象，背上有一对翅膀。他正在耐心而熟练地制作弓，这是向天神或人类射出爱之箭所不可或缺的工具。爱神制弓这一主题虽然很新颖，但却不是该藏品的作者——象牙雕刻师巴尔赛萨·佩莫泽尔（Balthasar Permoser，1651—

《制弓的丘比特》，佩莫泽尔，1706—1708 年，绿穹珍宝馆藏

1732年）的原创。

意大利著名画家帕尔米贾尼诺（Parmigianino，1503—1540年）创作的《制弓的爱神》（*Cupid Making his Bow*）也是类似的主题，但牙雕模仿的对象是来自布鲁塞尔、后来在罗马工作的弗朗索瓦·迪凯努瓦（François Duquesnoy，1597—1643年）创作的大理石雕像。

1626年，迪凯努瓦创作了两倍于牙雕作品尺寸的大理石塑像，1629年居住在威尼斯的荷兰商人卢卡斯·范·厄费伦（Lucas van Uffelen）将其收入囊中。厄费伦去世后，1637年阿姆斯特丹政府买下了这件作品，1689年这件大理石雕像又被柏林的王储所收藏。

而1689年才来到德累斯顿、凭借其精湛的技艺受到奥古斯都二世的青睐而成为宫廷御用雕刻师的佩莫泽尔，在1706年到1708年间去了柏林。他在

绿穹珍宝馆象牙厅

柏林被迪凯努瓦的丘比特大理石雕所震撼，于是用象牙尽可能地复制了这件杰出的作品。

VI

绿穹珍宝馆的第三个展厅白银厅（White Silver Room）建于1727年，根据当时的收藏记录，它拥有大量纯银器展品，都是1719年之前德累斯顿和哈布斯堡王朝的巴洛克晚期的银器杰作，其中一些银制器皿非常巨大，有些银制的超大花瓶甚至重达85千克，摆在展厅地面上的花瓶和鼎的总重量超过了925千克。其他一些银器则是盛冰盏、冷却壶、托盘、汤碗和勺子等餐具。还有65件配饰：配套的水壶和水盆、咖啡杯组合、36个银制瓶子和16个大型装饰烛台，它们或是摆在地上，或是陈列在墙上的装饰架上。

由珍珠母、漆木、银镀金和天鹅绒制成的一对《珍珠母箱》（*Parade Casket*）让人联想起入口展厅的《珍珠母水壶和水盆》。德累斯顿的文物专家德尔克·西恩德拉姆（Dirk Syndram）介绍说："这世上除了绿穹珍宝馆，大概没有哪个珍宝收藏机构拥有如此之多的搭配有欧洲金匠工艺底座的16世纪印度珍珠母制品了。"16世纪和17世纪早期，来自古吉拉特邦的珍珠母制品通过葡萄牙海员之手来到了欧洲市场。闪耀着彩虹般光芒的印度珍珠母饰板不论在当时还是在现在，都让人爱不释手。

这对珍珠母箱经历了400年的风雨，它们出自纽伦堡金匠尼古拉斯·施密特（Nicolaus Schmidt）之手。1582年到1609年间，作为金匠大师文策尔·加梅尼策（Wenzel Jamnitzer，1507—1585年）的学徒，尼古拉斯是纽伦堡有名的工匠，1600年前后，当时的萨克森选帝侯对尼古拉斯情有独钟，预订了这对箱子和一大批金匠制品。

绿穹珍宝馆白银厅

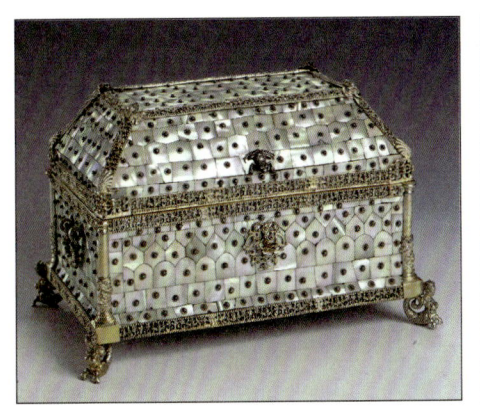

《珍珠母箱》，施密特，约 1600 年，绿穹珍宝馆藏

  这对珍珠母箱是由长方形和矛尖形的珍珠母制成的，在印度切割、组装和加盖。施密特通过小型金属针将珍珠母钉在木制的箱笼外层，形成了今天我们看到的珍珠母箱雏形。相比那些同样带有底座但体积更小、装饰一般的箱子而言，这种装饰华丽的珍珠母箱上镶满了珍贵的宝石，可以说是 1600 年前后最为别具一格的箱子。

Ⅶ

  1600 年前后，刻度盘面呈水平设计的座钟成了欧洲贵族收藏的宠儿，这股热潮一直持续到 17 世纪末。西恩德拉姆介绍说，白银厅的这台近似正方体的《天文座钟》（*Astronomical Table Clock*）大约制作于 1690 年，出自耶利米亚·普法夫（Jeremias Pfaff，1618—1651 年）之手。它拥有非常精密的发条计时系统，依靠隐藏着的钟摆走时。作为天文时钟，其表面有 5 个水平刻度盘，除去位于正中央的以农业之神雕像人物指示小时和分钟的大刻度盘外，它还有 4 个小刻度盘，分别用来表示日期、周令、月令和月相。

《天文座钟》，普法夫，
17世纪末，绿穹珍宝馆藏

天文座钟的主要功能是玩具与装饰。位于座钟四角的底座和装饰都是用纯金纯银打造的，底座上的寓言人物、四个侧面用来支撑四个小刻度盘的烛台样式的立柱则由纯银制作。除此之外，银丝拉成的叶子装饰遍布于钟盒表面，每一个面上还有银丝球和宝石贴花，这些奢华的装饰令这台天文座钟极具收藏价值。

VIII

第四间展厅银镀金厅（Silver Gilt Room）也是绿穹珍宝馆内的古老展厅，银镀金厅的展品由奥古斯都二世在1733年亲自选定。根据这份清单可知，银镀金展厅中250多个立柱上当时陈列了近300件金匠作品，其中250件是老旧的作品，50件是巴洛克晚期的。七年战争后，在早期的新古典主义风潮影响下，人们的审美观念发生了变化，1772年，三分之二的展品被废弃熔解了。

1945年2月的德累斯顿大轰炸导致银镀金厅遭到了前所未有的破坏，盾徽厅的大火蔓延到这里，烧焦了木制的饰板。后来人们根据1733年残留下来的遗迹修复了这些饰板。

在这间展厅里，我最喜欢的是那件《猫头鹰状饮水器皿》（*Owl as a Drinking Vessel*），这件作品尺寸比其他猫头鹰作品大了不止一倍，而且风格独树一帜，它应该出自技艺高超的金匠之手，但我们不知道他是谁。细致入微的羽毛和脚爪都体现出当时最高的工艺水平，这种装饰在16世纪30年代是非常著名的。

《猫头鹰状饮水器皿》，佚名，约1540年，绿穹珍宝馆藏

绿穹珍宝馆银镀金厅

直到19世纪初期，这件猫头鹰器皿才来到绿穹珍宝馆，在此之前，它应该是某个王室的收藏品。萨克森王室1587年的银器珠宝清单上也有一件16世纪40年代制成的猫头鹰器皿，但无法确认它就是我们现在所看到的这件。

后来人们在器皿顶部添加了一尊人形雕塑，他所携带的盾牌是用镀金玻璃制成的，代表萨克森与勃兰登堡结盟的圆章，具体而言，就是前面提到过的萨克森选帝侯克里斯蒂安一世与他的妻子勃兰登堡的索菲。人物和盾牌所站立的椭圆形底座不知何故没被装饰，这与装饰精美的猫头鹰底座大相径庭，可见两者并没有直接的联系。

IX

1590年2月28日，选帝侯克里斯蒂安一世从他妻子的继母、勃兰登堡选帝侯夫人伊丽莎白（Elisabeth of Anhalt-Zerbst）那里得到了一个作为新年礼物的针线盒。盒子侧面的一个个壁龛里雕刻着代表各种美德的十位人物，德累斯顿的文物专家乌尔丽克·魏因霍尔德介绍说，这可能是赠送人希望通过这种微妙的方式提醒这位将近而立之年的受赠人作为选帝侯应尽的道德责任和义务。

盒子内部分成数个小隔间与小抽屉，里面的物件如今已荡然无存，但1595年的收藏清单告诉我们，里面曾经摆满了书写和缝纫工具，还有两面镜子、三把珍珠母勺子和一个小小的可以挂在脖子上的项链似的钟表。

由于盒子长期以来处于封闭状态，内部的这些小抽屉、天鹅绒和宝石，还有其他一些精致的装饰因避免了光照的伤害，完好地保存了下来，让我们眼前一亮。

盒子外部的工艺水平亦可圈可点，其装饰可谓富丽堂皇，用料材质也是上佳之选。盒子是木制的，木芯外包裹着一层纺织品，天鹅绒和小金块之间嵌入了银制的装饰。盒子的四只立脚设计成了石榴的样式，上面装饰着宝石。

这件《萨克森选帝侯克里斯蒂安一世的针线盒》（*Parade Casket of Elector Christian I of Saxony*）应该出自当时盛名在外的纽伦堡金匠文策尔·加梅尼策之手。我们上面已经提到过，制作珍珠母箱的施密特是他的徒弟。工具匣的设计工艺严格遵循了建筑学上的构建原理，德累斯顿风格的建筑元素在它上面一览无余。

《萨克森选帝侯克里斯蒂安一世的针线盒》，约 1589—1590 年，绿穹珍宝馆藏

《有狩猎图案的椭圆形水盆》，约 1611—1613 年，绿穹珍宝馆藏

X

  银镀金厅有一件《有狩猎图案的椭圆形水盆》（*Oval Basin with Hunting Scenes*），可惜与之相匹配的水壶早在1772年就熔掉了。这种大容量的水盆对于当时的金匠是个不小的考验，因为它除了考验工艺师的金匠技艺之外，还考验其雕刻技艺。有意思的是，这个水盆并非来自为欧洲王室制作精美工艺品的奥古斯堡这一金匠云集的艺术中心，而是莱比锡的伊利亚斯·盖耶（Elias Geyer）的手笔，他受雇于德累斯顿王室，是当时最具创新力的金匠。今天的绿穹珍宝馆收藏了大部分盖耶的毕生作品（30件）。

  魏因霍尔德介绍说：水盆上的狩猎场景是根据罗马铜版雕刻大师安东尼奥·滕佩斯塔（Antonio Tempesta）的作品复制的，盖耶用他无双的技艺将其转变为视觉上极具纵深空间的浮雕。此制作过程并非一帆风顺，雕刻是循序渐进的，一个人物、一幅场景、每一个客体的成功雕琢都为最后的完整画面奠定了基础，盖耶在雕刻过程中并没有采用传统的先单独刻画人物马匹、而后再将其组合起来黏贴到场景中的模式。盆中是四位骑马的贵族，表明狩猎游艺是王公贵族才能享受到的特权，这种专门追逐牡鹿且带有猎鹰的狩猎活动是王室最高级的享受。

《白鹰之光：萨克森－波兰宫廷文物精品集（1670—1763年）》一书中有专门讨论萨克森王国狩猎活动的章节。

文章的作者乌里希·彼驰认为：围猎熊、鹿和野猪的"高尚狩猎"自中世纪就是贵族的特权。狩猎可以强壮身体、区分社会等级，与庆典和宴请一起都是诸侯社会生活的重要组成部分。早在17世纪，萨克森式狩猎就很受推崇，出身高贵的领主把年轻人送到选帝侯宫廷，希望他们受训成为强壮的猎手。（与现在的野外夏令营有相似性吗？）

奥古斯都二世极其喜欢狩猎，以此来证明自己"强力王"的称号名不虚传。当时的亲历者称国王有一种狩猎野猪的独特技巧，除了萨克森的莫里茨伯爵，其他人无法超过他。此外，他把欧洲野牛从波兰引入莫里茨堡饲养并放入猎区，这种类似高加索野牛的欧洲野牛只有像奥古斯都二世这样强壮勇敢的猎手才能征服。奥古斯都二世总喜欢在公众面前展示其狩猎技艺，由于宫廷庆典或者诸侯访问都会举行狩猎活动，这为他提供了很多机会。1728年，普鲁士"士兵国王"父子访问德累斯顿时，两人参加了在狩猎宫举行的可追溯至古罗马时代的角斗狩猎，人们把如熊、狮、狼等不同的猎物驱赶在一起，看它们互相角斗取乐。如果野兽没斗死，猎手就杀死其中的一头，"士兵国王"最后用猎枪打出六发子弹，结束了两头熊之间没有胜负的角斗。1730年，奥古斯都二世为了向民众展示军事实力，举行了一场大型军事演习，最后以一场围栏狩猎活动结束，共杀死了1124头猎物，狩猎战利品如鹿角、野猪牙等安放在装饰木板上，保存在宫殿狩猎大厅荣耀的位置上。

还有一种"猎鹭"也深受诸侯喜爱，鹭鸶被猎鹰追赶到空中又撞落在地上，但猎手并不急于将它杀死，而是将写有猎主和年份的银环绑在鹭脚上，然后放生。1751年，奥古斯都二世在一次鹰猎时捕到一只鹭鸶，发现它曾在10年前被自己绑上了银环，7年前又在土耳其、苏丹被捕到过。

XI

前面我们已经多次提到了奥古斯都二世，应该简略介绍一下他了。1670年出生时，奥古斯都二世只不过是未来选帝侯的次子，将来统治萨克森王国的机会很渺茫。他接受了多种教育，然后去欧洲游历，造访过路易十四的宫廷，到过马德里、里斯本、热那亚、威尼斯、佛罗伦萨和维也纳等各个政治与文化中心。

1694年4月，他的哥哥死于天花，没有子嗣，他于是成为选帝侯。1697年9月，他抓住了一个极好的机会：波兰-立陶宛国王死后，在德意志皇帝的支持下，这位新教徒改信天主教，在克拉科夫加冕为波兰国王奥古斯都二世和立陶宛大公。

虽然"强力王奥古斯都"是在他死后才由历史学家赋予的称号，可还是蛮符合他的个性。

奥古斯都二世以古代大力神英雄赫拉克勒斯自居。国王塞斯提欧斯为答谢赫拉克勒斯帮助他杀死了一直威胁他牧群的一头强壮的狮子，送给他50个女儿，结果所有的女儿都怀孕了。奥古斯都二世除了与妻子生下儿子——未来的奥古斯都三世之外，还承认5个情妇为他生的8个孩子。野史则认为他生了352到355名子女。

《波兰国王奥古斯都二世》，马丁·贝尔尼格罗特，
1733年，德累斯顿国家艺术收藏馆藏

《维纳斯形象的考泽尔女伯爵像》,西蒙·德拉瓦雷,1709年前后,德累斯顿国家艺术收藏馆藏

在17世纪之前，欧洲王侯的情妇只涉及双方的私生活，但到了17世纪特别是18世纪，情妇的地位已被欧洲认可为一种机制，王侯公开宣布某位女士为"册封女士"或"正式情妇"，并在宫廷中为其设定公开的地位等级。但这种地位完全来自王侯的赐予，情妇不同于王侯的妻子、亲戚或贵族家庭，王侯对她的忠诚绝对放心，他可以利用她和她的支持者作为其权力工具来平衡朝中不同党派和集团之间的力量关系，并确立自己的权力地位。

丝尔克·海尔茨还指出：尽管情妇只有通过与王侯的情爱关系才能得到非正式地位，但仅靠身体的吸引力和与统治者的亲近并不能保证其长期受宠，要想成为宫廷关注的焦点，情妇必须优雅大方，善于人际交往，举止得体。对统治者来说，挑选一位魅力无穷、机智非凡的女性也是大有益处的，其颇具吸引力的外貌和机智会令宫廷增色不少。

"强力王"奥古斯都二世最有名的情妇是考泽尔女伯爵——安娜·康斯坦蒂亚·冯·布罗克多夫（Anna Constantia von Brockdorff），为了掩人耳目，国王为她建造了塔申贝格宫（Taschenbergpalais）。它就坐落在王宫旁，有一条通道与王宫相连，复道楼梯和二楼豪华的空间布局是按照最高标准建造的。塔申贝格宫现在为奢华的酒店集团凯宾斯基所有。我去之前不知这段典故，否则会选择住在那里。

奥古斯都二世一直向公众隐瞒1705年与考泽尔女伯爵签订的一份协议，即许诺在王后过世后娶她为妻，在此一年前，她刚成为国王的情妇。

国王的情妇遭到嫉妒与非议理所当然，当时就出现了一幅考泽尔女伯爵与国王妻子克里斯蒂亚娜·埃伯哈丁娜（Christiane Eberhardine）的漫画。画中，"两位女性形象均为半身像，她们的衣着、装饰及所处的外部环境形成了鲜明的对比。一个世俗、入世、开放、时髦、性感、追逐享乐、思想肤

《考泽尔女伯爵与萨克森选帝侯夫人埃伯哈丁娜的漫画》，佚名，德累斯顿国家艺术收藏馆藏

浅；另一个虔诚、脱俗、深居简出、保守、俭朴、责任感强、行事谨慎。虔诚的国王妻子半身像身后有一个双手合十的孩子的半身像"。

考泽尔女伯爵24岁时成为国王的情妇，33岁时，传说她插手国政，顿时失宠。她害怕遭到国王的报复，逃往了普鲁士，可普鲁士把她作为普鲁士逃兵的交换筹码，考泽尔女伯爵又回到了萨克森，被囚禁在施托尔彭要塞（Burg Stolpen），一直到85岁去世。

接下来奥古斯都二世进行了20年的斗争，对手分别是其他王位争夺者及其波兰支持者、奥斯曼军队、瑞典国王卡尔十二世（Karl XII of Sweden）和发动内战的波兰-立陶宛贵族。奥古斯都二世打输了几场重要战役，并在1706至1709年间失去了波兰王位。

今天我们还会记起奥古斯都二世，不是他的强者身份或武功，而是他在德累斯顿推动的珍宝、陶瓷、建筑和绘画的事业，使得萨克森王国在欧洲如日中天。我们今天能欣赏到德累斯顿的宝藏，首先要归功于他。

萨克森能有如此财富和发达的艺术宝藏，与埃尔茨山脉蕴藏的矿石密不可分。800年来，这里不仅发现了白银，还有锡、铁、钴、铜、铅、锌等多种可供开采的金属矿藏，此外还有建筑和雕刻用的天然石料、宝石以及制作陶瓷的重要原料——高岭土。

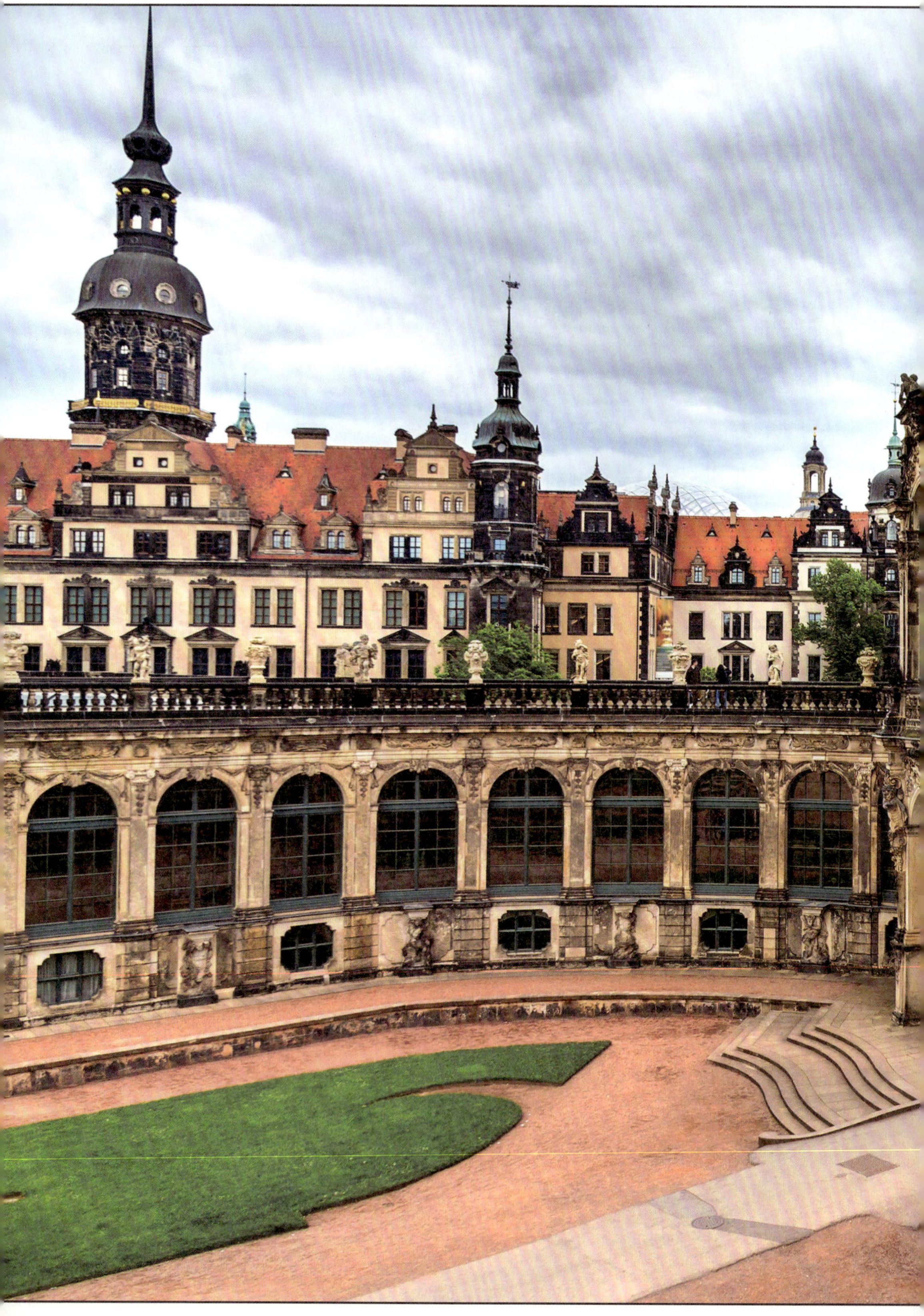

第五章

绿穹珍宝馆（下）

绿穹珍宝馆占地约2000平方米，展出的藏品总计3000件左右，分为九大展厅外加一座入口大厅。除了前章已经介绍过的入口大厅、琥珀厅、象牙厅、白银厅、银镀金厅外，绿穹珍宝馆还拥有其展厅中面积最大的珍宝厅、第二次世界大战中损毁最为严重的盾徽厅、珠宝厅、青铜厅及文艺复兴青铜器展厅这五大展厅。

I

继续我们的绿穹珍宝馆之旅。

珍宝厅（Pretiosa Room）位于绿穹珍宝馆文艺复兴风格的中央大厅。1550年，意大利的艺术家用灰泥粉饰了这个大厅的穹顶，不久以后它开始启用，作为专门举办庆典和仪式的大厅，后来又成为王室收藏珍宝的所在。现在大部分的珍宝放在楼上的新绿穹珍宝馆。

16世纪下半叶的《基督受难像》（The Calvary）也出自纽伦堡金匠之手。基督十字架竖立在一个巨大的珍珠堆状的底座上，既奢华又极为独特，由稀有的热带木材制成的十字架细长且高耸，救赎者被钉在上面。十字架顶端是一块饰板，上面刻着《创世纪》第三节的内容（记载的是亚当夏娃被蛇诱惑的故事），原罪的大蛇臣服于受难的耶稣。十字架的底端则镌刻有制作的年

绿穹珍宝馆珍宝厅

《基督受难像》，兰克，1577 年，绿穹珍宝馆藏

份（1577年）。

我们已经知道，珍珠母和不规则的珍珠是由16世纪的西班牙、葡萄牙商人分别从墨西哥湾、波斯湾和印度洋带到欧洲的，它们大多用于制作首饰珠宝，但很少被如此大量地使用。在中世纪圣像画中，珍珠是神之恩赐，珍珠和珍珠母的彩虹色光泽则被认为是宇宙光芒的反射。

德累斯顿文物专家西恩德拉姆认为，珍珠的光芒通过巨大的镶有绿松石、祖母绿和石榴石贴花的黄金底座而被进一步放大。蟋蟀、蜥蜴、青蛙和一只小鹳鸟的雕刻模型在当时的纽伦堡广受欢迎，它们象征着大自然和生命。银丝缠绕而成的树木与灌木也是该场景的一部分。

乌木底座上有纽伦堡金匠伊利亚斯·兰克（Elias Lencker）刻画的耶稣受难的六个场景：橄榄山、逮捕基督、基督和大祭司的交锋、鞭笞基督、给耶稣戴荆棘王冠、将耶稣钉上十字架。底座四角装饰了八个象征高尚道德的人形化身。

1577年，工匠在十字架的基座上刻下了萨克森选帝侯奥古斯都（Augustus, Elector of Saxony）的名字。就是在这一年，在奥古斯都的见证下，宗派间的协约在德累斯顿签署，路德教从加尔文教派独立出来，并且赋予路德教正统性。

II

《三只鸵鸟形状的鸵鸟蛋杯》（Three Ostrich-Egg Cups in the Shape of Ostriches）和前面提到的《有狩猎图案的椭圆形水盆》都是莱比锡的伊利亚斯·盖耶的手笔，盖耶的作品迎合了王公贵族的心头好，除了鸵鸟蛋之外，盖耶还使用海螺壳、椰子和珍珠母这些异域原材料进行加工。他的另一大创作特色在于其怪诞而精彩的创意元素，这可以从海马形状的、半狮半鹫形状

《三只鸵鸟形状的鸵鸟蛋杯》，盖耶，约 1589—1595 年，绿穹珍宝馆藏

和蛇怪形状的贝壳器皿以及鸵鸟蛋杯子等作品中看出来。这三只外形高大、头部可以转动的鸵鸟蛋杯子是否真的可以用来饮水并不确定，因为作为杯子主体，从鸵鸟蛋到底座之间的部分并非密不渗水。滑稽的是，人们一旦试图从杯子处喝水，鸵鸟的翅膀会随着杯子不断倾斜而张开，从而拍打喝水人的脸颊，人们不得不通过狭窄而不规则的鸟嘴喝水，这本来就不是一件容易的事情。

对于当时受过教育的欧洲人来说，鸵鸟的象征意味可能并不陌生，这种鸟以铁为食物，它的嘴巴通常被描绘成马蹄形，在从古至今的神话寓言中，它一直都是逢凶化吉、置之死地而后生的典范。在基督教传统绘画中，鸵鸟是完美无瑕的象征，它将自己的蛋埋入沙地中，以求阳光来孵化它的子嗣。

Ⅲ

在珍宝厅里，游客能看到整整一面墙陈列的都是奥古斯都二世所拥有的彩虹色珍珠母和鹦鹉螺。

绿穹珍宝馆藏有 16 到 17 世纪数量最为庞大的鹦鹉螺器皿，鹦鹉螺是一种生活在印度洋和南太平洋中水深 50 到 500 米的头足纲软体动物，这种生物很少在海面上活动。

我看上的是绿穹珍宝馆收藏的由鹦鹉螺制成的《帆船》（*Sailing Ship*），作者是纽伦堡的金匠乔治·吕埃尔（Georg Rühl），于 17 世纪早期打造。

这艘帆船战舰极具风格，扬起了风帆，由单膝跪地的海神尼普顿用背将它托起，船员时刻准备着发动攻势。船形器皿的龙形壶口和船尾装饰着华美的把手，显示它可能曾作为饮水器皿被偶尔使用过。然而，由于贝壳类易碎的特性和镀金的绳索，决定了这件器皿只能作为收藏品观赏把玩，船上高高的栏杆上的浮雕所刻画的一系列海洋之神更是需要近距离观赏品味。

西恩德拉姆继续介绍：这种类型的器皿是展示那些代代相传的神话故事的绝佳媒介，比如贝壳内部雕刻的那些怪异的海洋生物在翻滚的巨浪上滑行的场景，还有那帆形的生物在拉伸其触角的一幕，也可以解释为什么鹦鹉螺壳经常被比作采珠船。这一古老的理论看上去荒诞不经，但它是基于鹦鹉螺死后，其硬壳部分会和软组织分离开来这一事实。贝壳死后壳内充满空气，在水上漂浮，直至最后被海浪冲上岸。

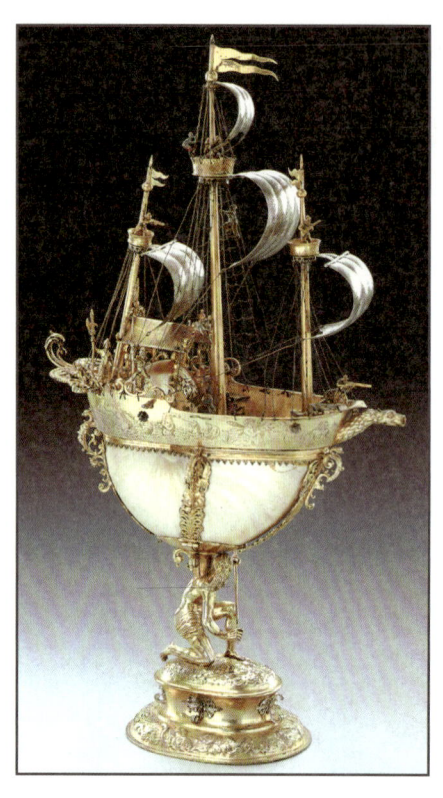

《帆船》，吕埃尔，17 世纪早期，绿穹珍宝馆藏

IV

17世纪下半叶的米兰艺术家乔凡尼·巴蒂斯塔·梅特利诺（Giovanni Battista Metellino）制作的水晶杯外形小巧，切割精良，形状或为龙形或为海豚状，银镀金的底座则镶了一层天青石的贴花。梅特利诺的知名客户中有法王路易十四与皇太子、奥古斯都二世，1715年，奥古斯都二世预定了一只"水晶龙"，支付了200达克特，它就是目前在珍宝厅展示的《龙形展翼杯》（*Cup in the Shape of a Winged Dragon*）。杯子的背面雕刻着龙的背部，器皿的边缘是龙的头部，其宽度正好是龙面部的宽度，张开的龙翼为这一古怪的造型组合增添了一丝优雅，使之变成一件优雅的展品。

《龙形展翼杯》，梅特利诺，1715—1716年，绿穹珍宝馆藏

《饰有两只海豚的贝壳碗》，梅特利诺，1720年，绿穹珍宝馆藏

　　从工艺细节上看，这件《饰有两只海豚的贝壳碗》（Shell-shaped Parade Bowl with two Dolphins）明显也是梅特利诺的作品。这件器皿从容优雅的波浪形切割，使得它在光照下呈现出柔和的光晕。与收藏在马德里普拉多博物馆的梅特利诺的另一只海豚贝壳形碗一样，它的表层也装饰着精致细腻的花枝和草本植物的浮雕，以及看起来仿佛悬空于水晶表面上方的小昆虫和其他小动物。碗的基座是两条相互纠缠在一起的海豚，它们长长的尾巴向上翘起，装饰着碗的两边，好像两个极具装饰价值的手柄。

V

1733年，珍宝厅内通往银镀金厅的大门左右两侧的墙壁上陈列了490件展品，包括器皿、一部分餐具、匣子、小箱子、人物雕塑和各种宝石切割而成的昆虫。其中，130多件带有黄金或银镀金底座的宝石碗上装饰着额外的珐琅和宝石。收藏清单上提到的大部分展品一直保留至今，陈列大体上复原了当年的摆放方式，差不多三分之二的宝石器皿仍在原来的位置上展出。

带有珐琅叶子的黄金树干状支架的《椭圆形宝石碗》（*Oval Bowl*）就是这群宝石碗中的一只，其底座装饰有玛瑙、碧石和珊瑚，碗的边缘则装饰着涂了珐琅彩的黄金鹈鹕母子，鹈鹕妈妈正在给小鹈鹕喂食从自己胸口上啄出的血，象征着耶稣的自我牺牲，这在基督教传统绘画中经常出现。

《椭圆形宝石碗》，
17世纪早期，绿穹珍宝馆藏

大门左侧墙壁上的《壁炉台》（*Chimney Piece*）的画面则由各种不同的宝石组成，有些制作成浮雕，有些则是完整的立体雕塑，堪称是德国宝石切割的代表作之一。17世纪的一位王储将它作为儿子的道德启蒙画，详细地描述了他希望这个年少的孩子应该做的和不应该做的事情，石匠克里斯托弗·拉普哈德（Christoph Labhardt，1641—1695年）花费了将近8年时间才按照王储的命令完成了任务。王储的儿子被刻画成骑在马背上的少年，戴着头盔、拿着盾牌的是密涅瓦，还有辅佐随侍在骑马少年身边的法理之神、正义之神、虔敬之神、自由之神、希望之神和历史之神等，大力神赶走了那些负面情绪的代表，在一旁守护着少年的美好人生。

《壁炉台》，拉普哈德，1671—1679年，绿穹珍宝馆藏

画面的寓意显而易见。未来的王侯需要避开醉酒、懒惰、浪费、贪婪、沽名钓誉、无信仰和绝望等陋习。胆小鬼的形象旁是一只野兔，用来告诫这位少年，切莫胆小懦弱。

Ⅵ

盾徽厅（Coats of Arms Room）是绿穹珍宝馆在1945年2月德累斯顿大轰炸中损毁最为严重的部分，一场大火焚毁了它。人们从火灾废墟中抢救出无数盾牌的残片，盾牌上的热浸镀金几乎都熔化了，相当数量的盾牌要么受损严重，要么干脆被大火熔化了，只有未展出的36块盾牌完好无损。1977年开始，受损的盾牌尽可能地被修复，并且按照原来的描述对其镀金，这样做是为了尽可能恢复盾牌的原貌，而不是重新打造一块旧盾牌。现在，这些复原后的盾徽整齐有序地排列在原来的位置上，盾徽厅得以再一次展现晚期巴洛克风格的帝国风范，那些受损盾牌的损伤痕迹和战时受损的马克森大理石地板也被保留到今天。这些盾徽足以让参观者深深感受到王权的至高无上——这恰恰是奥古斯都二世当时建造展厅的目的之一。

1697年夏天，奥古斯都二世当选为波兰国王和立陶宛大公，但绿穹珍宝馆内真正宣告他将波兰王冠归入韦廷家族的大概只有盾徽厅了。朝南靠着窗户位置的是33枚波兰王国和立陶宛大公国的贵族纹章，它们都由萨克森选帝侯统一持有，两枚装饰有王朝图案的纹章被陈列于橱柜门上的装饰带处。

西恩德拉姆介绍说，这些盾牌分成两组：27块铜纹章盾是在17世纪80年代制成的，另外17块则是在1727年到1729年间制成的。老旧一些的带有名字首字母的盾徽和纹章是属于"强力王"奥古斯都二世的父亲萨克森选帝侯约翰·乔治三世（John George Ⅲ, Elector of Saxony）与哥哥萨克森选帝侯约

绿穹珍宝馆盾徽厅

翰·乔治四世（John George IV, Elector of Saxony）（编者注：就是前文提到的因为天花而英年早逝的那位），它们工艺精良，表面装饰有平滑的叶形图案，显得格外庄重。奥古斯都二世后来打造的盾徽显得更有活力和富于贵族气息，也更能代表盾徽的核心理念。17世纪前后，在椭圆形图案周围搭配叶形装饰的风格非常受欢迎，这里的《波兰王国盾徽》（Coat of Arms of the Kingdom of Poland）与刻有萨克森选帝侯名字的纹章都是如此。

神圣罗马帝国地区的纹章有一个特点，即都带有鹰的图案，如普鲁士的是单头黑鹰，奥地利的是双头黑鹰，波兰王国盾徽中央是只白鹰，因为他们自认为继承了古罗马帝国，罗马帝国的标志正是鹰。

《波兰王国盾徽》,克里斯蒂安·费里德里希·霍兰德,绿穹珍宝馆藏

带有绿色斜立花环的盾徽

有意思的是，源自13世纪的萨克森公爵的纹章是黑色与金色条纹相间的盾徽，中间是斜立的绿色菱形花环。据林纯洁著的《德意志之鹰：纹章中的德国史》介绍，关于这个纹章的起源，有一种说法认为他可能出自贵妇送给骑士的花环头饰。这个纹章的家族中有一位著名人物——安哈尔特伯爵伯恩哈特（Bernhard, Count of Anhalt），1180年被皇帝改封为萨克森公爵。伯恩哈特公爵在朝圣后返回德国途中，到威尼斯时钱花光了，他只能投靠当地的一位富商。他爱上了富商的女儿，承诺回国后即娶她。当公爵不得不告别时，那女子送给公爵一顶绿色的花环，公爵用剑将花环劈成两半，一半挂在自己的盾上，一半留给她作为纪念。但回国后，公爵失约，将自己的这一半花环图案刻画到纹章中以表怀念之情。够浪漫的。

Ⅶ

珠宝厅（Jewel Room）是1727年至1729年间修建的，奥古斯都二世不仅展出他所收藏的各种珍宝，还通过以镀金玻璃蚀刻工艺制成的镜子来展示他至高无上的王权。这个展厅本身就堪称一件艺术珍宝，其煞费苦心的内部装饰与收藏于其中的价值连城的珠宝相得益彰。

在1945年2月13日夜晚到14日凌晨的德累斯顿大轰炸中，珠宝厅燃起了熊熊烈火，展厅的一部分塌陷了，留下一部分装饰镜的碎片。多亏了那些珍贵的黑白照片和水粉画，德累斯顿文物专家、艺术家和工艺大师们才能在2002年到2006年间重建这个展厅。

绿穹珍宝馆珠宝厅

当年人们如此描述珍宝厅的藏品：这里除了大量的钻石制品，还拥有斗篷上的纽扣、荣誉徽章、星星、带扣和剑鞘，对面是非常珍贵的玛瑙配件，然后是祖母绿、蓝宝石、红宝石饰品和菱形钻石饰品，金羊毛勋章上的钻石璀璨夺目，这是国王在若干年前花了二十万塔勒购买的。

这些瑰宝如今都陈列在珠宝厅内嵌的展示柜中，和原来一样。

VIII

珠宝厅里最为贵重且最具有艺术价值的首饰配件都陈列在桌子上,如西墙的《奥古斯塔利斯方尖碑》和以"捧着石料的摩尔人"为主题的雕像,这两件作品,分别立于西墙的两端。

就展品的艺术价值而言,很少有展品的配饰价值超过展品本身的,而巴尔赛萨·佩莫泽尔于1724年制作的《捧着祖母绿石料的摩尔人》(*Moor with Emerald Cluster*)就是这为数不多的例子中的典范。

根据西恩德拉姆介绍,如果不是绿穹珍宝馆以巴洛克风格为基调的翻新,这座摩尔人的雕像也不可能诞生,它的出现纯粹是因为奥古斯都二世希望在新修的绿穹珍宝馆里展出他所收藏的珍稀艺术工艺品。这个摩尔人站立在一大块褐铁矿基座上,基座支柱撑起的托盘里散落着16块祖母绿,其中一些的尺寸尤其大,有一块深绿色的祖母绿是从新发掘不久的哥伦比亚矿里开采出来的,神圣罗马帝国皇帝鲁道夫二世(Rudolph Ⅱ)在1581年将它作为礼物送给萨克森选帝侯奥古斯都一世(Augustus Ⅰ,Elctor of Saxony,1526—1586)(编者注:前文提到的萨克森选帝侯克里斯蒂安一世的父亲)。

这个用深棕色花梨木制成的年轻又充满活力的摩尔人,轻快而不失优雅地向观众呈现出龟甲托盘里的哥伦比亚祖母绿。然而,从他身上的服装和珠宝看,他并不是摩尔黑人,而是一个南美印第安人。他身上的文身,还有他那珍贵的项链、手镯、胸牌、羽毛王冠、缠腰布和他穿的鞋子都表明他是一个土生土长的南美洲人。

第二件雕塑是《捧着人造萨克森石料的摩尔人》(*Moor with an Artificial Saxon Cluster*),它象征着萨克森的财富和宝石储备。

佩莫泽尔这两件极具异国情调的作品很有可能是受到了两位美洲王子的

《捧着祖母绿石料的摩尔人》,佩莫泽尔,约 1724 年,绿穹珍宝馆藏

《捧着人造萨克森石料的摩尔人》,佚名,1724 年,绿穹珍宝馆藏

启发，他们于1722年被英国船长作为人质（私人财产）带回来后就住在德累斯顿，成为当时的时尚弄臣。国王将这两位王子请到自己的王宫，让他们接受了路德教的洗礼，最终被敬献给了俄国女沙皇。

我们在现场听完语音介绍后恍然大悟，这两位也许是有着高贵血统的美洲王子，但他们只是珠宝的陪衬，真正有价值的是他们盘子里的珍宝，这样的设计确实别出心裁。

IX

奥古斯都二世可以说是德累斯顿巴洛克艺术的直接推手，他与宫廷艺术家的联系可与北宋徽宗之于画院画师之间的关系相比。奥古斯都二世十分钟爱私人珍宝艺术，也是那个时代最重要的珠宝鉴赏家之一，他的趣味直接影响了金匠们的创作。萨宾娜·希伯在《白鹰之光：萨克森-波兰宫廷文物精品集（1670—1763年）》中指出："奥古斯都二世显然比他的继任者奥古斯都三世及同时代的其他诸侯更直接地影响着宫廷艺术家，他丰富的思想理念、高水平的鉴赏力和个人付出的努力极大地激发了艺术家的创造力。艺术家通常能够最先了解他具体的构想，在建筑艺术和庆典文化领域积极参与创作，很多年轻时即受聘的艺术家获得了各自的地位与名望，直到年老才卸下宫廷职位，这显示出他的宫廷对有才华的艺术家的吸引力。"

"他们不仅参与宫廷生活，从他们参加的无数次荣誉或职位头衔授予仪式中就可以看出宫廷艺术家享有的崇高声望，如1736年，宫廷总建筑师马蒂亚斯·达尼埃尔·普伯曼隆重下葬；1741年，画师路易·德·西尔维斯特由奥古斯都授予贵族头衔；珠宝师约翰·梅尔基奥·丁灵格（Johann Melchior Dinglinger，1664—1731年）招待的外国权贵——俄国沙皇彼得大帝就曾在他富丽堂皇的府邸下榻。"

"除了其他德意志诸侯国的艺术家，奥古斯都二世还从具有领导地位的欧洲艺术中心——法国和意大利招募艺术家。为了和艺术舞台的最新潮流时刻保持联系，奥古斯都二世还资助艺术家前往国外旅居，以便他们可以延续主流欧洲国家的标准并尽可能有所超越。但由于奥古斯都二世首先把注意力放在展现帝王宫廷的奢华上，所以他经常把自己的宫廷艺术家派往维也纳。"

这让我想起一位韩国三星元老的话，他说公司对人才培养有个秘诀，即把科技人员外放到美国去，让他们在最新的科技潮流中充分竞争后再回来，在韩国无法提供这样的环境。

宫廷艺术家都有固定的薪酬，建筑师薪酬最高，普伯曼的年薪为1200塔勒；其次是画师，巴黎画家西尔维斯特作为首席御用画师，年薪有1000塔勒；德累斯顿的第一位女艺术家"宫廷绘画大师"安娜·玛利亚·维尔纳的年薪是400塔勒。在佛罗伦萨已经成名的雕塑师巴尔赛萨·佩莫泽尔的年薪只有200塔勒。"强力王"奥古斯都二世对于委托的工作很大方，他会支付额外的报酬，如果君主不实行优先购买权，未经委托的作品也可以转让他处。

X

奥古斯都二世时期，德累斯顿最伟大的巴洛克艺术家非约翰·梅尔基奥·丁灵格莫属，1698年他被聘为宫廷珠宝师。关于丁灵格的身世，我还会在参观新绿穹珍宝馆中作更为详尽的介绍，我们先欣赏他在珠宝厅的作品。

《奥古斯塔利斯方尖碑》（*Obeliscus Augustalis*）是巴洛克晚期珍宝艺术的一件杰作，被称为丁灵格的三件杰作之一，其他两件是新绿穹珍宝馆的《黄金咖啡茶具》和《大莫卧儿的君主》。

这座方尖碑是奥古斯都二世直接从丁灵格的工作室预定的,也是丁灵格创作的第一件带有超高建筑特色的橱柜作品,橱柜后面的镜墙映出人们从正面看不到的部分,全方位立体化地呈现了方尖碑的壮丽。

在此之前,丁灵格制作的手工艺品,无论是大型橱柜还是杯碗器具都是献给国王的作品,但这座方尖碑则是为公众制作的。这是一件注重细节的具象展品,鼓励观众进一步近距离观察它的各种细节,当然,从远处观赏也一样精致。

奥古斯都二世的塑像就在方尖碑的中心位置,他的肖像以烤瓷釉的方式镶嵌着珐琅,头上戴的是萨克森选帝侯的帽子和波兰-立陶宛的王冠以及佩有象征着战斗精神的传统王权徽章。西恩德拉姆介绍,奥古斯都二世不是以统治者的身份出现在这里,他是一位备受尊崇的古代君王。四位穿着古代盔甲的士兵坐在基座前沿,代表各种古典文化的人物都在基座上向纪念碑致敬。这座方尖碑是为了纪念奥古斯都二世而建,不过其中还涉及1719年其子与奥地利哈布斯堡王朝公主玛利亚·约瑟法(Maria Josepha)结婚,因为柱子上的各种古代著名男性与女性人物浮雕正是在暗示未来这对皇室夫妻的美德。

1728年前后,即奥古斯都二世得到这座方尖碑6年后,他将这座方尖碑放在珠宝厅中最为显眼的位置,它周围的展示柜里陈列了萨克森-波兰王朝最

《奥古斯塔利斯方尖碑》,丁灵格等,1722年以前,绿穹珍宝馆藏

具审美艺术价值的王室珠宝以及丁灵格制作的其他工艺品。这座宝石纪念碑将晚期巴洛克艺术和当代象征王权的元素平衡而自然地结合在一起。

XI

《镶有罗马皇帝浮雕的橱柜》（Cabinet Piece with the Cameo of a Roman Emperor）也是丁灵格的作品，这是一件较为罕见的石雕，浮雕中间是高13厘米、宽10厘米的缟玛瑙浮雕，刻画的是罗马皇帝克劳狄一世，在18世纪早期却被认为是古罗马皇帝奥古斯都（即盖乌斯·屋大维），所以这件作品就与"强力王"奥古斯都联系在了一起。正是由于这个原因，丁灵格给这浮雕的表面又加上了两件凹雕作品，分别代表海豚与绯鲵鲣（或黄道十二宫的魔羯座），因为它们所对应的是罗马皇帝奥古斯都的出生星座。嵌入古典浮雕表层的黄金制成的星星也属于巴洛克风格，肖像外的黄金框架顶上的圆形宝石浮雕也是丁灵格设计的，刻画的是两名女子正在供奉的场景。

这件作品充满象征意味，玛瑙基座装饰得华丽时尚，上面镶嵌有106颗钻石、77颗红宝石、58颗翡翠和2颗珍珠。这个基座相比其他工艺品要高一些，使得这件古典风格的作品成为不朽的纪念品。德累斯顿的宫廷雕刻家佩莫泽尔创作的一群极具戏剧性的人物松散地排列在基座的周围。

1722年，奥古斯都二世花费了1.2万塔勒购得这件装饰品。很明显，他对于这位同样被称作"奥古斯都"的罗马皇帝的尊崇，意味着他作为统治者的荣耀和自己作为艺术赞助人的自豪。这件陈列柜装饰品是丁灵格的后期作品，其特点是既具备古典主义风格的严谨又有石刻工艺的纪念价值。

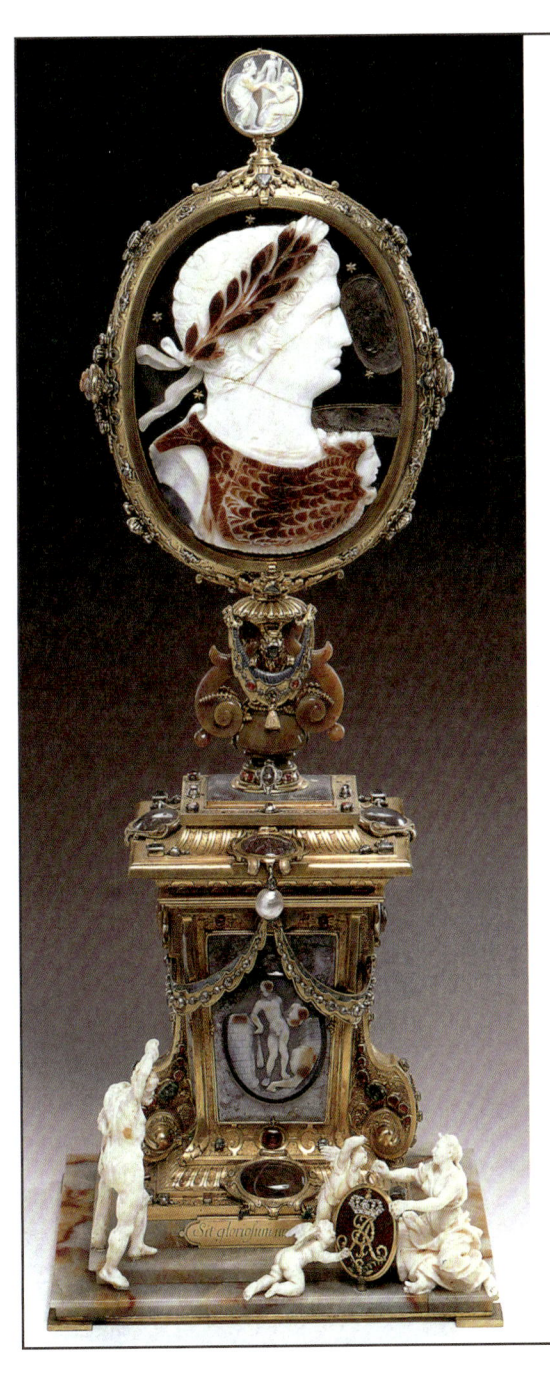

《镶有罗马皇帝浮雕的橱柜》,
丁灵格 & 佩莫泽尔,1722 年前,
绿穹珍宝馆藏

XII

在丁灵格艺术创作的黄金十年中，其工作室制作了相当数量的装饰器皿，这个系列的第一个碗形器皿，即1704年制成的《沐浴中的狄安娜》。这类器皿的底座用料珍贵，设计精致优雅，暗含着深远意义的艺术形象组成了充满智慧且极具鉴赏力的创作主题。

1715年10月，奥古斯都二世用总计2.1万塔勒的价格从丁灵格工作室购得三件装饰华丽的陈列柜展品，其中最为昂贵的应该是价值1万塔勒的《大力神坐像碗》（*Parade Bowl with Hercules Resting*），碗上的大力神赫拉克勒斯刚刚赢得一场战斗的胜利，此刻正坐在那里小憩。奥古斯都二世收购这件艺术品还带有一定的政治意义，他本人在几年前（1709年）刚刚重夺波兰王位，再次登上了权力的巅峰。

玉髓制成的碗上开了个黄金槽口，碗的上方是大力神坐在一把装饰华丽的椅子上休息。大力神是用巴洛克珍珠、黄金和珐琅制成的，这位备受崇拜的英雄手扶棍棒，他的上方是一条伸出舌头的龙，赫拉克勒斯背上背的是天神赐予他的武器。

碗和底座之间是样式精美的立轴，上面刻画了大力神赫拉克勒斯的英雄壮举，碗的底座上有丁灵格的签名。丁灵格将奥古斯都二世比作古希腊英雄，并且在创作上赋予这位国王超人般的英雄色彩。然而，不同于大力神，奥古斯都二世并没有在战斗结束后有休憩片刻的机会，就在购得这只碗后不久的1715年秋天，他又马不停蹄地前往波兰平息内乱。

我们知道，奥古斯都二世号称"萨克森的赫拉克勒斯"，这只碗对他意义重大。1729年，他下令将这只碗陈列于珍宝厅西面长墙立柱镀金的架子上。如今，这只碗和带有多彩浮雕宝石的橱柜装饰品一同陈列于珠宝展示厅窗前

《大力神坐像碗》，丁灵格，1713年，绿穹珍宝馆藏

的大桌子上。这两件巴洛克珍宝艺术品也体现了丁灵格从1713年到1722年间艺术水平的进步,生动地展示了奥古斯都二世对于大力神赫拉克勒斯和奥古斯都皇帝的崇拜。

XIII

丁灵格制作的《蓝宝石装饰的挂剑皮带扣、皮带环和扣钩》就显得灿烂而繁复,我这里还是摘译西恩德拉姆对此的解释:

这套蓝宝石中刻有白鹰的波兰徽章制作于1710年,显得很别致。其中罕见的是完整保留下来的剑用皮带,1700年前后,长剑通常是挂在经由胸部束紧的宽皮带的右肩膀上,皮带扣和皮带环用来固定皮带,这也是展示国王拥有的蓝宝石装饰的最佳平台。

剑用皮带包括三个皮带扣、三个皮带环和四个扣钩,图中所示的是最大的皮带扣、皮带环及扣钩,它们是作为熠熠生辉的珠宝而被固定在国王的胸脯上的。皮带上叶形图案的优雅装饰告诉我们其制作时间大概是1700年后不久,第一批蓝宝石装饰品的出现大概也是那个时候。1719年的珠宝收藏记录中,这件装饰皮带的费用估计在2.2万塔勒左右。这件皮带应该是当时最为昂贵的装饰单品,后来其价值上升到73390塔勒。1721年春天,奥古斯都二世委托丁灵格工作室在蓝宝石装饰的基础上增添了数百颗钻石玫瑰。[1]

---

[1] Dirk Syndram, Jutta Kappel, Ulrike Weinhold (2014), *The Historic Grunes Gewölbe at Dresden, The Baroque Treasury*, Berlin & Munich: Deutscher Kunstverlag, P.140.

《蓝宝石装饰的挂剑皮带扣、皮带环和扣钩》，丁灵格，约 1710 年，绿穹珍宝馆藏

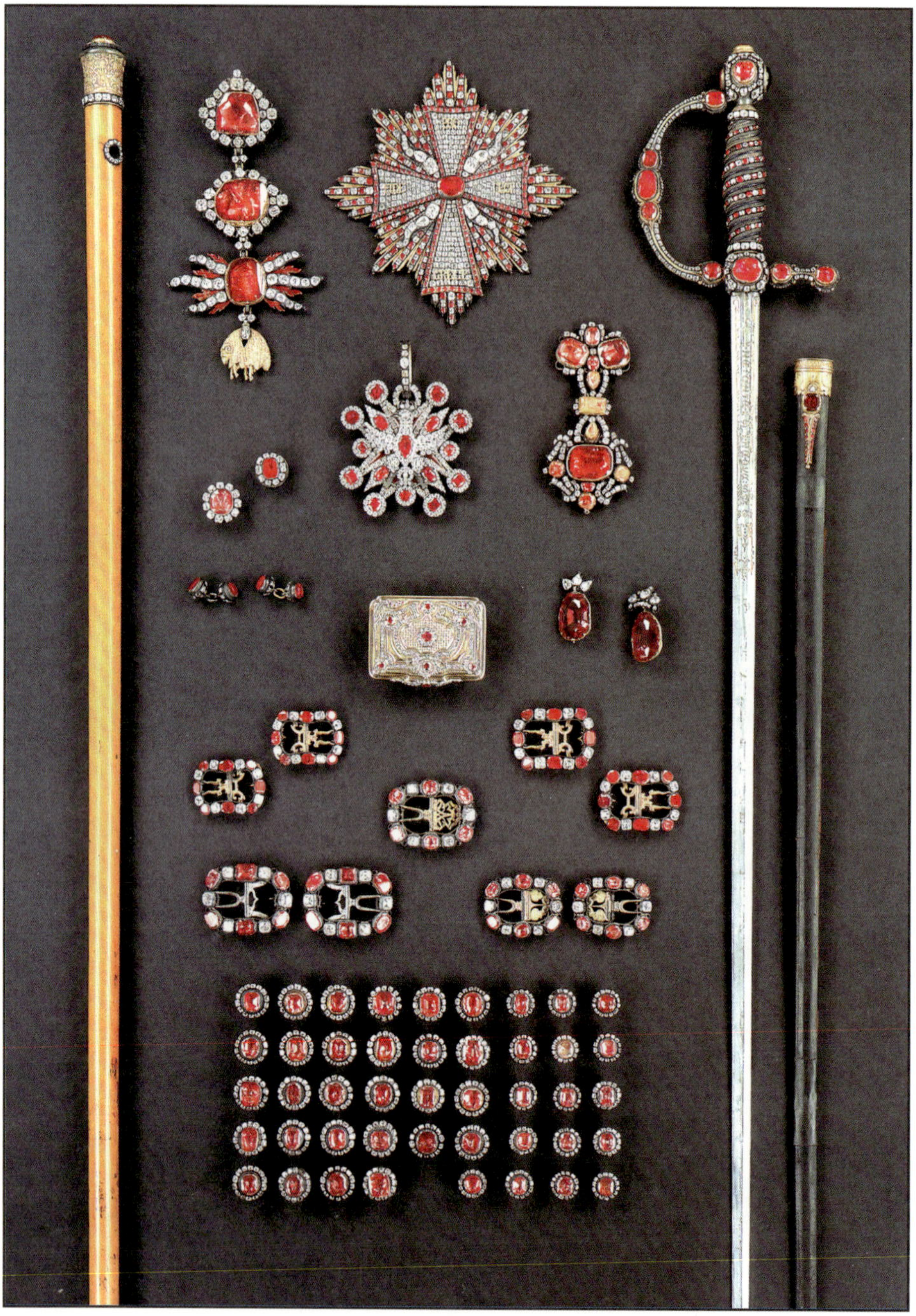

XIV

在奥古斯都二世所有的珠宝装饰中，红宝石装饰的金羊毛徽章是最具有象征性的，红宝石的红色和钻石的白色代表了波兰的国色。

1722 年 6 月 29 日，《红宝石装饰的金羊毛徽章》（*Badge of the Order of the Golden Fleece from the Ruby Garniture*）据记载进了收藏清单，就在之前的几周，奥古斯都二世刚被授予天主教最高骑士徽章。1430 年金羊毛徽章由绰号"好人"的勃艮第公爵菲利普三世创立，从 16 世纪初开始，它一直是哈布斯堡王朝最高规格的王室装饰，所有授予骑士的徽章在被授予人过世后必须归还王朝徽章室。这件徽章上的火焰符号与羊毛象征着希腊神话中夺取金羊毛的阿尔戈英雄。

《红宝石装饰的金羊毛徽章》，
丁灵格工作室，1722 年，
绿穹珍宝馆藏

哈布斯堡王朝掌管王朝徽章室的最后一位西班牙国王去世后，徽章室的继承问题变得格外棘手，西班牙王位继承战争（1701—1714 年）结束后，来自波旁王室的新任西班牙国王和哈布斯堡皇帝共同掌管徽章室。根据记录，奥古斯都二世是从 1697 年开始接手徽章室的，当时他刚以韦廷王室的第二顺位继承人身份加冕为波兰国王。1722 年，他和儿子一起被神圣罗马帝国卡尔六世授予徽章——代表最高骑士荣誉的金羊毛徽章和象征国家主权的波兰白鹰徽章，皇帝授予他们非比寻常的特权，此外，他们还获得允许使用个人徽章的荣誉。

1722年后，萨克森王室出现了大量由珍贵的宝石制作而成的徽章，其中有11枚徽章如今收藏于绿穹珍宝馆。

丁灵格在制造这套配饰时使用了三种罕见且硕大的尖晶红宝石，它们都保留了印度工艺不规则的切割痕迹。为避免偏离这些宝石原来的样子，丁灵格没有使用其他象征符号和装饰——除了具有象征意义的火焰和羊毛。

XV

2009年在北京举办的萨克森—波兰文物精品展上，最精彩的宝物就是来自绿穹珍宝馆的《玫瑰式切割钻石套件》。

玫瑰式切割方式始于16世纪初，它切割的钻石较平，三个棱角在中间会合成穹顶状表面，因此看起来钻石特别大，但是光泽不如明亮式切割的钻石那么闪亮。"强力王"奥古斯都二世的玫瑰式切割套件包括独一无二的波兰白鹰勋章珠宝、星形胸徽、佩剑、剑鞘、带有帽带和扣环的帽饰、鞋子和膝部扣环、外衣和马甲纽及扣眼镶边、两粒衬衫纽扣、一对靴刺、一双短袜和一个鼻烟盒。到1719年，这一套件价值140万塔勒。玫瑰式切割的钻石部分不断增加新的装饰，1782—1789年，奥古斯都二世的孙子选帝侯下令将玫瑰式切割的钻石加工成一套新的套件。西恩德拉姆介绍说："现在保留下来的玫瑰式切割的钻石套件虽然不全，但在做工质量上要好于18世纪初，从来还没有一个套件有这么多的装饰品。这一套件是玫瑰式切割和棱形切割钻石最重要的收藏之一，几乎所有现存的大型玫瑰式切割钻石都是模仿'强力王'奥古斯都的这个套件制作的。"[1]

---

[1] Dirk Syndram, Jutta Kappel, Ulrike Weinhold（2014），*The Historic Grunes Gewölbe at Dresden, The Baroque Treasury*, Berlin & Munich: Deutscher Kunstverlag, P.148.

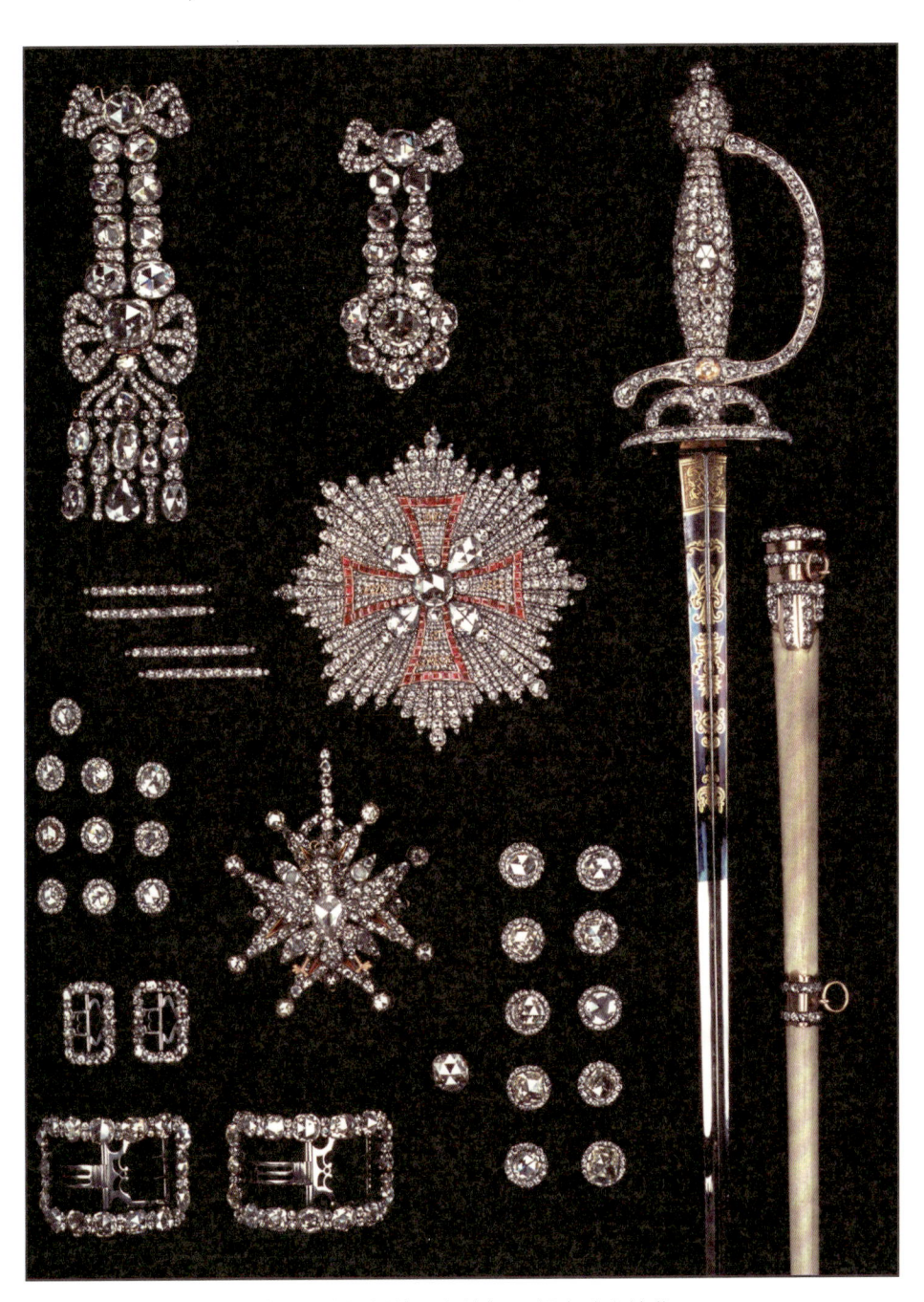

《玫瑰式切割钻石套件》，绿穹珍宝馆藏

绿穹珍宝馆青铜厅

XVI

绿穹珍宝馆的最后两个展厅是青铜厅（Bronze Room）和文艺复兴青铜器展厅（Room of Renaissance Bronzes）。

作为奥古斯都二世所构思的巴洛克收藏展厅——青铜厅在18世纪的时候向公众开放，青铜厅里大多数展品都是古代著名的雕塑或是法王路易十四宫廷里的大理石雕塑仿制品，显得创造力不足。

1945年2月德累斯顿遭大轰炸后，青铜厅也被付之一炬。人们根据留存下来的两张照片以及在技术层面上对青铜厅的研究，对它进行了最大限度的复原与重建。

《阿波罗沐浴》（*Apollo Bathing*）青铜群雕的总重量超过 70 千克，1715 年购入，是继 1699 年后的第二次大规模藏品收购。这次收购还包括 38 件用于装饰皇室住宅的小型青铜器，这组青铜群雕花费了奥古斯都二世 1650 塔勒，这个价格还包含一座出自巴黎镶嵌工艺师安德烈·夏尔·布勒（André Charles Boulle）之手的用龟甲、黄铜和铜镀金装饰的华丽基座。

这件青铜群雕是其大理石群雕的缩小版。大理石版本制作于 1666 年到 1675 年间，原本位于早期凡尔赛宫内靠北的一处名为"忒提斯洞穴"（Grotte

《阿波罗沐浴》青铜群雕，仿自吉拉尔东等创作的同名大理石群雕，1715 年以前，绿穹珍宝馆藏

de Thétys）的房间内，该房间原本是水塔，靠近法王路易十四的卧室，后来重新进行了设计与装饰，其主题是"完成了一天日常工作后的太阳神阿波罗降临至海神忒提斯处"。为了营造出海底的氛围，奇思妙想的设计者给这里装饰了贝壳、镜子、马赛克等物件。大理石版的《阿波罗沐浴》雕塑位于该房间的正中央隔间。我们可以从忒提斯雕像的头饰辨认出她，她此刻正为客人盥洗头发，因此和阿波罗靠得很近。从阿波罗脸上泰然自若的神情看，这座群雕表现的可能是劳累了一天后正在享受休憩时光的统治阶级。

"忒提斯洞穴"于1684年被拆除，多亏了保存下来的一件1676年的浮雕作品，我们才知道它的原样。

绿穹珍宝馆文艺复兴青铜器展厅

XVII

弗朗索瓦·吉拉尔东（François Girardon，1628—1715年）是路易十四时期法国具有代表性的首席宫廷雕塑大师，右图的这尊《奥古斯都二世骑马雕像》将奥古斯都二世塑造成有如罗马帝国皇帝那般，它是奥古斯都二世在巴黎的经纪人雷蒙德·莱普莱特的委托之作，花费了5300塔勒，是1715年最昂贵的雕塑品。

德累斯顿文物专家乌尔丽克·魏因霍尔德介绍道：这尊青铜雕塑展示了奥古斯都二世自我表述的专制王朝的神圣不可侵犯，它在很大程度上模仿了吉拉尔东的另一件6米高的路易十四骑马雕像，1699年8月13日，

《奥古斯都二世骑马雕像》，吉拉尔东工作室，1715年以前，绿穹珍宝馆藏

这尊巨大的雕塑在巴黎凡登广场揭幕，1792年法国大革命期间，它被摧毁了，不过大量的小型青铜仿制品层出不穷。

雕像里的奥古斯都二世被刻画成一位头顶桂冠的胜利者，他视自己为和平缔结者，然而他右手的姿势却显得格外傲慢，装饰华丽而庄严的基座也为这位萨克森-波兰选帝侯增添了神圣的光辉。原本黏在底座长边上的两块青铜饰板上刻满了浮雕，其中一块展示的是奥古斯都二世接见来自华沙的大使，另一块展示了1706年10月29日波兰军队在卡利什（Kalisz）附近大举击溃

瑞典军队的胜利场景。这两块饰板连同原来基座的青铜支架都在1945年毁于大火，只有下方塑造的4名奴隶、雕刻的2枚徽章和4根制成大理石基座的青铜支架被保存了下来。1986年前后，这些保留的部分与重建的部分结合在一起，再一次将这尊雕塑的原始模样呈现在世人面前。

XVIII

文艺复兴青铜器展厅中的《墨丘利青铜雕像》是16世纪后期欧洲著名的风格主义大师詹波隆那的手笔，魏因霍尔德描述道："乍一看，只用左脚脚尖触地的墨丘利似乎马上就要飞上天堂。他高举的手臂、细长的食指指向天空，凝视着天空的眼神充满安详，似乎对下一秒的离去备感欣慰。他的躯体轻盈中带有活泼，纤细中不失优雅，随风冉冉上升的样子很容易让观众忘记了青铜躯体的笨拙沉重。"

这件作品被视为詹波隆那最为杰出的作品之一，我们今天可以看到无数的仿制品。

早在1587年，墨丘利的人物塑像和另外两个小型青铜雕塑就作为美第奇家族的弗朗切斯科一世大公（Francesco I de' Medici, Grand Duke of Tuscany）赠送给刚成为选帝侯的克里斯蒂安一世的礼物来到德累斯顿，年轻的选帝侯将这份礼物视为托斯卡纳大公向自己表示的最高礼敬。在当时，墨丘利的形象寓意复杂，这位年轻的神祇戴着装饰有翅膀的帽子，脚上携带有信使的预言，他不仅被当作天神的使者、神谕的执行者，还是主掌辩术与贸易的准神，此外，他还是勤奋、名望和成功的化身。因此，这尊塑像作为外交礼物敬献给另一位统治者，象征着清明的统治。

《墨丘利青铜雕像》,詹波隆那,1587年前,绿穹珍宝馆藏

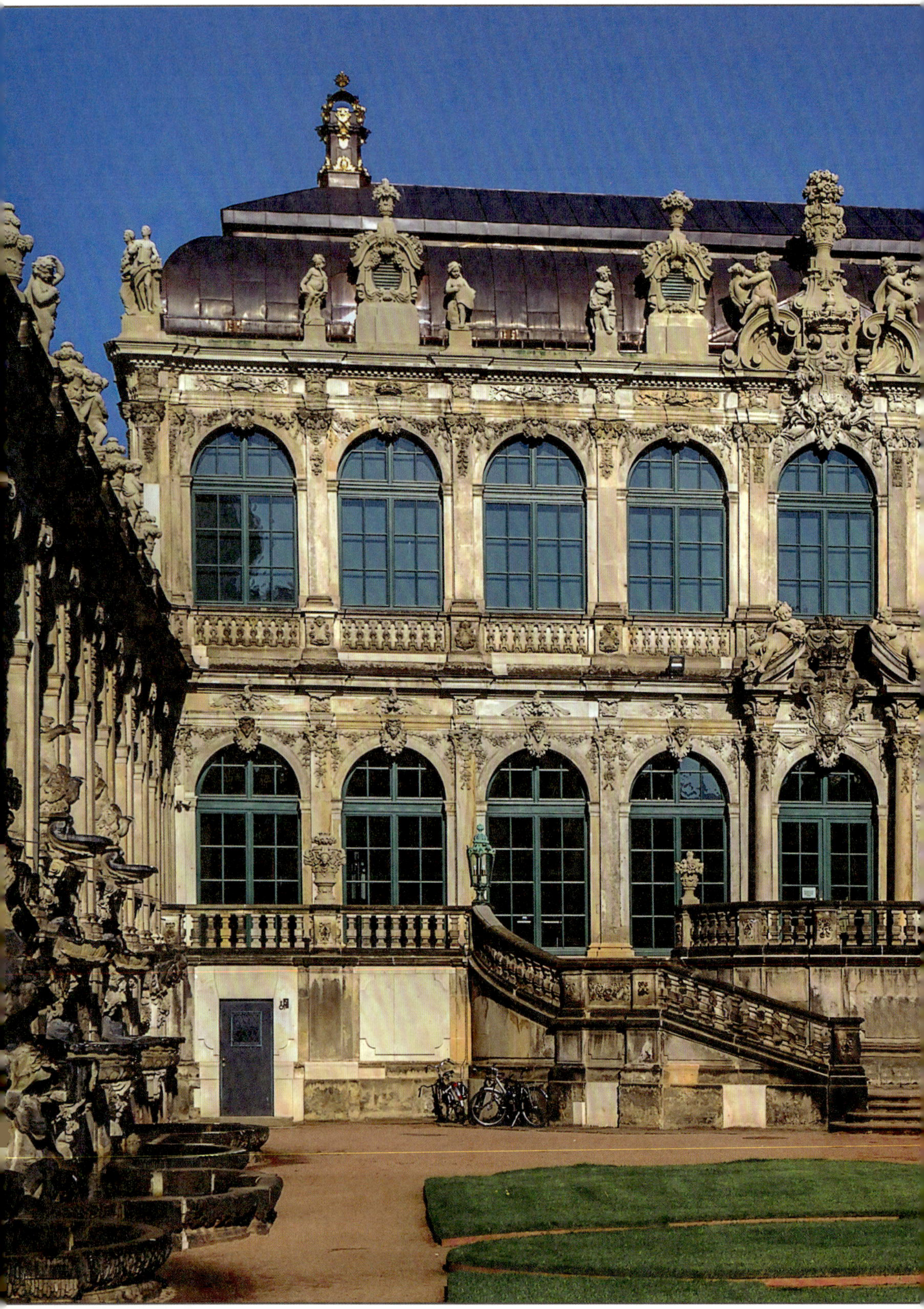

第六章

新绿穹珍宝馆（上）

新绿穹珍宝馆位于德累斯顿王宫的二楼，总共有12间展厅，占地约2000平方米，面积与一楼的绿穹珍宝馆相仿。新绿穹珍宝馆藏有约1000多件巴洛克时期的工艺品。除了本身的藏品外，绿穹珍宝馆最大的特点是其别具特色的各个展厅及内部设计，相比之下，新绿穹珍宝馆的魅力则集中在一件件做工精致的藏品上。

I

从绿穹珍宝馆出来已是中午,我们赶紧到对面的饭馆吃了顿便餐。没想到绿穹珍宝馆的容量如此之大,体力有些吃不消。我喝了一大升啤酒,感觉有些飘飘然,鼓足精神,再去二楼新绿穹珍宝馆。

新绿穹珍宝馆不像楼下的绿穹珍宝馆那样装潢得美轮美奂,也没有什么珠宝厅、珍宝厅那样的分类,但10个房间内的古董可能比绿穹珍宝馆更加丰富。

刚进入大厅,我还有些晕乎乎的,手差点扶上了玻璃柜,但很快就进入了状态。

与上午我们遇到的问题一样,因为几乎没有这些古董的背景知识,所以必须根据讲解器的语音说明,逐字逐句地对照着物件看。审美判断力与相关知识尽管学到了不少,可头脑与身体也十分疲惫。

逛博物馆,如果要全身心投入的话,比户外走路累得多,看似只在十几间大厅内走来走去,这不仅需要体力,更需要脑力。精神上的紧张或松弛给予身体的压力与支持是天差地别的。

唯一能支持我们的是里面的古董实在太精彩,如获至宝。

II

让我们以《哲学寓言展示匣》(*Display Casket with an Allegory of Philosophy*)开始新绿穹珍宝馆之旅吧。我还是穿插着摘译迪尔克·西恩德拉姆的精彩解说,下面也不再多加说明,如果没有这位对绿穹珍宝馆和新绿穹珍宝馆的古董如数家珍的专家,我们几乎寸步难行。

《哲学寓言展示匣》,加梅尼策,1562年,新绿穹珍宝馆藏

这个小巧的展示匣是文艺复兴时期德国举足轻重的艺术家文策尔·加梅尼策在纽伦堡制作的。与其他珍宝匣不同的是，它反映了当时艺术收藏家想要在这类物品上刻画世界的理念，头戴皇冠、身着古典衣袍的人物手捧一块镌刻着拉丁铭文的镀金题板，上书："人类的精神，通过其创造的科学与学问的帮助，不仅超越了大自然的创造，而且将这些创造转换成了艺术品，让原本脆弱不堪的人类得以生生不息代代相传。"

这座银制女性雕像的周身闪耀着银色的光泽，显得非常突出，意在对哲学进行拟人化处理，即"对哲学的热爱"。与此同时，这位纽伦堡金匠也会趋向以感性的方式来表达自然与艺术之间的平衡，它受到了法国宫廷艺术风格的启发，而后者又曾受到意大利艺术的影响，尤其是本韦努托·切利尼（Benvenuto Cellini，1500—1571年）的《弗朗索瓦一世的盐罐》。

哲学的化身在人造的石头台阶上休憩，象征寓言的是两只银制的小动物——一只青蛙和一只甲虫——以及水晶花瓶里的银制珊瑚枝丫，还有一个小巧的、带盖子的镀金容器。展示匣本身是一件充满了惊喜的艺术珍品，小匣子的侧面覆盖着古老的文艺复兴时期的装饰，作为女性化身的基座，靠近女性脚边的匣子上相对较窄的那面也许可以通过秘密机关打开，匣子内部是四个覆盖着丝绸的抽屉。

由于它那丰富多彩的装饰细节，包括大量使用的珍稀原材料以及精巧的秘密机关，这个带有文字的珍宝匣可以称得上是艺术收藏宝库最为典型也最为精湛的艺术品。这些评鉴因素也成为鉴定从文艺复兴时期到巴洛克时期的珍宝艺术品至关重要的评核标准。

III

我们之前在绿穹珍宝馆中已经品评过天文座钟，这里的《天文台钟》（Astronomical Table Clock）更像一只钟，不过它与大多数文艺复兴时期的弹簧驱动的天文钟一样，作为纯粹而精确的计时装置并不是很称职。然而，在它们刚刚发明的时候，这些可以摆在桌上的功能性装饰品被认为是人类创造力的杰出代表，它们可以标记天体的运动规律、诠释时间与日期的演变，从而象征着神圣的秩序与万物的和谐。

这台天文钟拥有两个盘面，其中一个盘面展示有天文标记。中央的星盘上标注着天空和固定的星星；第二个大盘面上标记着日期和小时。两个主要的刻度盘各有两个具有特殊读数功能的小盘作为补充，钟面底部两侧各有一个小型的刻度盘用以控制走钟。

《天文台钟》，1570—1580年，新绿穹珍宝馆藏

天文台钟的设计在很大程度上取决于功能，其长方形的外壳被安放在突出的基座上，镀金的钟盒上覆盖着16世纪后期的典型纹饰，看起来怪异却异常华丽，上面有一束一束的战利品纹饰以及雕刻而成的花卉装饰。

作为角柱，如同头像方碑般的女像柱装饰华丽，顶起了犹如头盔的钟顶，那四只如同狮身人面像的动物突出了钟顶的四角。造型怪异的穿孔涡卷的设计有一定功能：其开口处可以让原本藏在钟盒内部的铃铛声流泻出来。钟盘上的指针是可以替换的，台钟顶部的财富雕像早在第二次世界大战期间就遗失了。

这座台钟的钟盒以及发条装置是由同一家铸造厂的很多不同技能的工匠组装而成，尽管厂家早已不复存在。

Ⅳ

由水晶制成的描绘着古代神话的划桨船是文艺复兴末期最为珍贵的艺术品之一，拥有它们是财富的象征。从16世纪中期开始，米兰成为水晶切割工艺中心，但只有一小部分艺术家族（最著名的有米塞洛尼家族、萨拉齐家族和卡罗尼家族）才有能力创造出如此得天独厚的艺术珍品。

16世纪初的30年里，水晶切割工艺发展到了顶峰，与此同时，在欧洲大陆出现了一种特殊的攀比，从而缔造了高品质的水晶器皿大汇聚，哈布斯堡的皇帝、西班牙的皇帝、美第奇大公，还有巴伐利亚的公爵都对此趋之若鹜。作为政治文化中心，萨克森选帝侯从艺术品经销商那儿采购了大部分的水晶器皿，酒杯、有柄的水壶、碗和各种奇形怪状的动物容器，都被当作萨沃里公爵的外交礼物源源不断地送到德累斯顿，毕竟这位公爵所辖领地邻接的就是米兰。

《描绘古代神话的划桨船》,萨拉齐兄弟工作室,16 世纪末期,新绿穹珍宝馆藏

《描绘古代神话的划桨船》(*Gallery with Depictions from Ancient Mythology*)是由萨拉齐(Sarachi)兄弟的工作室制作的,据推测,其绝妙的带有黄金装饰的底座也是在米兰制作的。这艘船被放置在装饰有两条倾斜着的海豚的支座上。按照官方的观点,这艘水晶船是按照当时穿梭于地中海上的船只式样制作的。这艘船的船尾非常宽阔,船首却很狭小,船身两侧的刀刻装饰是希腊神话场景,有劫夺欧罗巴、解救安德洛美达、绑架海伦以及特洛伊围城。宽阔的船体和微微升高的船头组合在一起,浑然天成。船柄是女性魔鬼的头像,船的顶端竖立着丹麦国旗。

《小型达芙妮雕像》，加梅尼策，1579—1586年，新绿穹珍宝馆藏

V

《小型达芙妮雕像》（*Statuette of Daphne*）是由亚伯拉罕·加梅尼策（Abraham Jamnitzer）根据他的父亲、上面提到的金匠文策尔·加梅尼策的草图，大约在1580年时创作于纽伦堡。据古罗马作家奥维德的描述，它表现了达芙妮为躲避阿波罗的追逐化身为月桂树的场景。但这里的月桂树被珊瑚巧妙地替代了，银像与珊瑚相得益彰，最初这些珊瑚上还装饰着漆成绿色的银叶子。

托曼在《巴洛克艺术》中评论道："这件精美的小雕像不仅极为迷人，而且还是一件观念艺术作品。自然和艺术的结合、人形的转化，以及两种不同元素的结合，在当时为学术上的争论提供了丰富的素材。此外，这个小雕像还有其实际用途，它是一件酒器——达芙妮的上半身可以从腰部取下，下半部分可以当成酒杯。"

自动装置可以模仿物体的运动，并进一步模仿它的生活状态，而这种自动装置在1600年前后的欧洲收藏界也是非常珍贵且不可或缺的藏品种类。新绿穹珍宝馆内这一小巧的《蜘蛛形自动玩具》（*Spider Automaton*）是由一个小小的机械装置来驱动蜘蛛体内的两个齿轮，从而使得它的八只脚能够以最自然的方式前后左右移动。

《蜘蛛形自动玩具》，托比亚斯·雷谢尔，1604年之前，新绿穹珍宝馆藏

VI

1589年，皇室工匠伊吉迪乌斯·洛班尼克（Egidius Lobenigk）将《带有数字时钟和音乐盒的螺旋象牙立柱》（*Ivory Column with Figural Clock and Music Automaton*）交付给了德累斯顿艺术品收藏室，均匀排布着螺纹的圆柱的内部是一架简洁的风琴，其底部隐藏在乌木制成的基座里。每个整点风琴的声音会通过横向的开口被放大。其中还设置有一条传送带，上面是三个青年侍从模样的人物模型，他们从一扇开着的小门里进出，精巧的机械设计可以让上层走廊上的六个喇叭吹奏者提升手臂，仿佛是真人在演奏。除此之外，设计者还在基座的底部安装了鼓，在机械装置启动的时候，人们能在音乐声中听

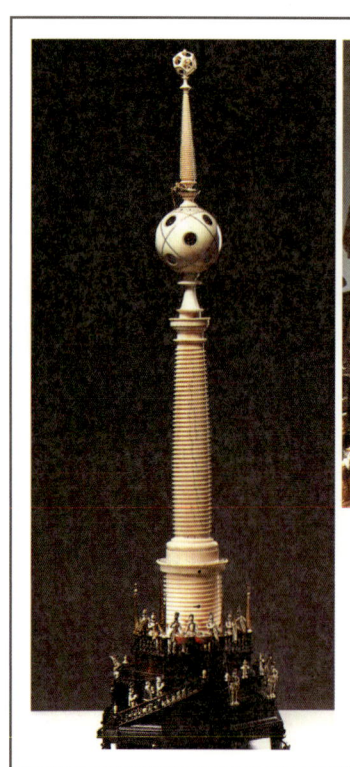

《带有数字时钟和音乐盒的螺旋象牙立柱》，洛班尼克，1589年，新绿穹珍宝馆藏

到带有节奏感的鼓声。

两个额外的驱动装置和钟表发条被安置在象牙立柱的最底端，立轴尽可能地被拉长，让这些装置的动作能够在内部传达到顶部的多孔球体，球体内有七个青年侍从围着一张小桌转圈，小桌旁是长沙发，桌边的三位绅士和两位淑女能抬起手到嘴边的高度。

象牙立柱的顶端有一个会旋转的多面体装置，可以看到中间的球体上方有一个男童天使在齿轮发条的作用下绕着球体上方转（每小时一圈），黑色的数字刻度也位于球体上。

作为一件艺术品，象牙立柱体现出德国文艺复兴晚期的三项技术成就：隐藏的音乐装置、机械驱动装置和数字时钟。

Ⅶ

伊利亚斯·盖耶是当时德国极具创造力的大师，然而他并没有活跃在崇尚奢侈装饰品的诸如纽伦堡和奥格斯堡之类的大都会里，只是在莱比锡这样地方性的商业城市里优哉游哉。德累斯顿收藏的约30件盖尔作品可以说是艺术家毕生作品的集大成者。

带着翅膀的狮鹫是古代传说中财富的守护神，同时也是德意志帝国盾徽上的标志。神兽臀部的金匠工艺是严格按照狮子的身形来塑造的，其中包含一个巨大而闪亮的让人难免联想到珍珠母的海螺壳，这头传说中的神兽刹那间就化身为在海中驰骋的野兽。

这只《拿着长戟的狮鹫》（*Griffin with Halberd*）也可用作饮水器，尽管盖耶设计的初衷只是用于装饰和作为文艺复兴时期图腾的一种表现方式。

《拿着长戟的狮鹫》,盖耶,1608—1610年,新绿穹珍宝馆藏

VIII

自古以来,银质雕像一直被视为欧洲顶尖工艺的最佳代表,就这方面而言,这件由奥格斯堡金匠汉斯·雅各布·巴克曼(Hans Jacob Bachmann)创作的《半人马自动装置》(*Centaur Automaton*)不单单是1600年前后用来娱乐高层贵族的桌面装饰摆件,也是一件非同寻常的具有里程碑意义的艺术品。

我们看到一位胡子拉碴的手持弓箭的半人马和一位骑在他背上的年轻女子,她可能是狄安娜,也有可能是从属于她的一个仙女。大步前行的半人马和从它胸部开始的男性躯干体现出金匠对于生物体自然形态的精准把握,动物和人体的融合、皮肤覆盖下的肌肉和肌腱的相互作用使得这一整体看起来更为天然。巴克曼在优雅沉着的年轻女性和充满活力的半人马之间创作了一种令人兴

《半人马自动装置》，巴克曼，1600—1610 年，新绿穹珍宝馆藏

奋的紧张关系，他细致入微的精湛技术向我们展示了实实在在的细节，例如半人马身体上的毛皮纹理和人头颅上的头发，这些都源自古老艺术的原型。

除了基本的机械原理和装饰华丽的钟表，高高的乌木基座也掩藏了大量的机械驱动装置，这些装置驱动半人马自动装置得以在一个平面上曲线移动约 10 英尺（304.8 厘米）。同时，右边的大型银制猎狗也可以左右移动头部，小巧的镀金狗则在一边兴奋地上蹿下跳，中间的仙女也可以自由转动她的眼睛。最令人兴奋的是，因为这些驱动装置，半人马可以实实在在地射出一箭，通过精确的计算，弹簧的力量能将箭推出 7 英尺（213.4 厘米），这个距离可以保证人们在其周围观赏时不至于被射出的箭伤到。

IX

1601年7月，汉斯·斯考洛汉姆（Hans Schlottheim，约1545—1625年）收到了300荷兰盾的订金——萨克森选帝侯的遗孀索菲希望能有一台独一无二的自动时钟。1603年2月，金匠上交了他的新作品：一台巨大的滚球时钟，而他本人也收到了2400荷兰盾的酬劳。

滚球时钟的外形被建造成八角形的塔状，是一个钟表机械混合音乐盒功能的自动装置。这是一个新的尝试——以鲁道夫二世的御用钟表匠克里斯托弗·马克格拉夫（Christoph Markgraf）的发明为基础，制作一架更为精确而可

《滚球时钟》，斯考洛汉姆，1602年之前，新绿穹珍宝馆藏

靠的时钟。为了达到这一目的，斯考洛汉姆设计让一个小巧的水晶球，在一定的时间内从一个16圈斜坡的上层一圈一圈地滚到底部，时间恰好是60秒。与此同时，内部的齿轮则将另一个小球送上去，放进一个"穴怪"面具的嘴巴里。整个过程同时还伴随着由行星神、鼓手和七艺女神所表演的戏剧，土星神萨杜恩用他的锤子每分钟敲一次钟，音乐盒里美妙的音乐每天准时奏响两次。

钟盒上的图像代表着七艺：语法、修辞、辩证法、音乐、天文学、几何学和算数，它们各自的拟人化身则分布于基座的各个壁龛中。皇帝银制肖像的来源可能是古代硬币上的人物形象，展现了一个完整的家谱，从尤利乌斯·恺撒开始，到古代和中世纪的皇帝，最后是皇帝鲁道夫二世的肖像，逐一被雕刻在钟盒的表面。

时钟上方的水晶球散发着光晕，其顶上最高处竖立着帝国双鹰，双鹰的中心是萨克森王室的盾徽，表明滚球时钟是用来纪念年轻的选帝侯克里斯蒂安二世和皇帝之间的友谊。按照鲁道夫二世的说法，这座钟将帝国变成了宇宙大环境的一部分，也就是说，滚球时钟以一种微妙的方式将帝国与宇宙合二为一。

X

1620年夏天，萨克森选帝侯艺术品收藏室以3000荷兰盾的价格收购了著名金匠雅各布·泽勒（Jacob Zeller）制作的《象牙制三帆快速战舰》（*Frigate*），这艘挂满了帆的战船以帝国早期的护卫舰为模型，战舰上以金线缚扎的薄如纸张的象牙帆上是萨克森选帝侯及其妻子的纹章。船上还有迷你型的象牙制水手、炮筒、锁链和金色的锚，八面雕琢而成的小旗帜将这艘萨克森的战舰

《象牙制三帆快速战舰》，泽勒，1620年，新绿穹珍宝馆藏

打造成了王朝的丰碑。桅杆上是基督诞生后不久就存在的以哈德里奇开始的萨克森王朝名录，一直到选帝侯约翰·乔治一世。

　　托起战舰的人形基座有其独特的艺术含义，孤独的海神尼普顿稳稳地托起了这样一艘战舰：人类的力量与海神的力量相互平衡，但又是脆弱的，随时会被运气与不确定性打破。海王星群雕则是海马和人鱼组成的战车。

　　创作了这一精彩的早期巴洛克风格的象牙珍品后不久，泽勒就去世了。

XI

17世纪的宫廷礼仪中，装饰精巧的水壶和洗手盆扮演了非常重要的角色：一是因为直到17世纪末人们依然主要用手来进食，所以用带有芬芳香味的水洗手；二是银制洗手盆不论是用料还是精湛的工艺都反映出其所有者的权力、财富和王朝的强大。

可也正因为越来越复杂的设计与用料的糜费使那些顶级器具的实际用途变得微乎其微，甚至很少出现在尊贵非凡的帝国晚宴上。

创作《龙形水壶》（Ewer in the Shape of a Dragon）的克里斯托弗·加梅尼策（Christoph Jamnitzer，1563—1618年）是继文策尔之后第二个来自纽伦堡金匠王朝的大师。1612年，萨克森选帝侯约翰·乔治一世以4000荷兰盾的价格从他手里购入了相当数量的金器，龙形水壶很可能也在其中。

这个带有龙嘴壶口和龙尾手柄的水壶上密集地布满了装饰与串珠，壶体上是四个心形凸饰，它们分别位于平滑的壶底和梨形的容器上。我们还可以看到水壶各凸起处有公羊头、蜗牛、带翅膀的小天使面部以及各种丰富的饰品，壶盖上方是女神密涅瓦像。

龙形水壶问世15年后，德累斯顿杰出的金匠丹尼尔·凯勒泰勒（Daniel Kellerthaler，约1575—1648年）以奥维德的《变形记》为主题制作了《描绘米达斯国王的水壶》（Ewer with a Depiction of King Midas），水壶顶部就是国王米达斯（Midas）的雕像，米达斯是牧神潘的崇拜者，有一次因为在潘神与光明神阿波罗的音乐演奏比赛中质疑阿波罗获胜而长出了一对驴耳朵，这一神话传说在该作品中也被刻画了出来。银壶以四个短而细小的精巧夹脚支撑着。约翰·乔治一世花了2700荷兰盾得到了这把典型的风格主义的银壶和水盆的组合。

《龙形水壶》,加梅尼策,约1610年,新绿穹珍宝馆藏

《描绘米达斯国王的水壶》,凯勒泰勒,1629年之前,新绿穹珍宝馆藏

《有大力士与地球仪装饰的配有自动机械装置的酒杯》，
兰克，1626—1629 年，新绿穹珍宝馆藏

XII

16 世纪到 17 世纪初，银质镀金的酒杯也是豪门欢宴上的重要角色，尤其是奥格斯堡的伊利亚斯·兰克（Elias Lenker）制作的有盖酒杯特别受欢迎，它们在灯光下熠熠生辉，在人们的手中如花朵般傲然绽放。

在《有大力士与地球仪装饰的配有自动机械装置的酒杯》（*Lidded Goblet with Automaton Mechanism of Hercules with the Globe*）上，兰克将托起球体的人物设计成拥有发达肌肉的大力神，它的制作工艺体现了金匠对于人体解剖学和雕刻技艺的精准掌握。球体的上方是镀金的老鹰与脚下地球造型的银质铸件。这一宏伟的早期巴洛克艺术品结合了艺术张力与工匠的至高技艺。

球体的两半都是用银浇铸而成,球体的表面镌刻有当时最为先进的地理知识。高高的基座设计成充满自然气息的森林地面,上有两栖动物驻足,其内部藏有两个齿轮,加上第三个小巧而光滑的齿轮被固定为方向转动轮,使得这只地球形状的酒杯变成了一个可以独立在桌面上来回移动的自动装置。

XIII

1655年3月5日,是萨克森选帝侯约翰·乔治一世70岁生日。他的儿子约翰·乔治二世送给他一件生日礼物——17世纪最漂亮的棋盘游戏。

制作这个《装饰有扎马战役的棋盘游戏》(Board Game with the Battle near Zama)的艺术家约翰·乔治·费舍尔(Johann Georg Fischer)来自波希米亚西部埃格尔。1628年,因为30年战争的缘故,他不得不背井离乡,这件作品在同一年完成。

《装饰有扎马战役的棋盘游戏》,费舍尔,1628年,新绿穹珍宝馆藏

棋盘盒子上精美绝伦的嵌花是埃格尔（位于波希米亚西部）最高艺术成就的代表，他在不同厚度的木材上运用镶嵌工艺，木材在刻刀等工具的刻画下蜕变成色彩斑斓的浮雕故事，让人惊叹金匠高超的艺术。

上面对战争场景的描绘恰好寓意了盒子里的两种讲究战略的游戏——十五子棋和国际象棋。古罗马时代的第二次布匿战争（Punic Wars）中决定胜负的扎马战役，罗马统帅大西庇阿打败了战略大师汉尼拔，费舍尔通过铜板雕刻为我们完美展现了这一场面宏大的战争。

象棋盘上装饰有各种各样的植物，让人想起蔬菜、水果或种类丰富的植物园。游戏盒里配有成套的黑白石棋子各15枚，棋子上装饰着从古至今的皇帝头像。棋盘崭新如初，表明从没使用过。

费舍尔完美的浮雕技术和精湛的镶嵌艺术只有通过近距离或是用放大镜观看细节才能窥见一二。

XIV

这台巴洛克风格的时钟——《埃伯哈丁娜座钟》（Table Clock of Christiane Eberhardine）属于前面提到过的选帝侯夫人埃伯哈丁娜，其豪华的水平钟面上装饰着精美的宝石。这一风格诞生于1600年前后，然后流行了一个世纪。

奥格斯堡的金匠亚伯拉罕二世·德雷恩威特出于采光的考虑，给座钟的底部四角各加上了一个扁平的球体状脚座。正方体形的钟盒布满了1680年前后流行的一层层薄薄的似乎要卷起来的锯齿状葡萄蔓叶形装饰，基座上悬挂着花环和果篮式的装饰。

真正将至高无上的皇室尊严加诸于这座奢华时钟上的是价值不菲的高品质宝石，它们以祖母绿为主，相当一部分的体积还很大，红宝石、钻石、紫

《埃伯哈丁娜座钟》,德雷恩威特,1680—1685年,新绿穹珍宝馆藏

水晶和石榴石的使用给这台时钟增添了不同的色彩，使之看起来更有活力。时钟最为奢华的地方在于刻度盘，上面的罗马数字全部由祖母绿拼接而成。

四个角落上的圣像分别是四尊银铸寓言人物，第五个立于刻度盘上方球体之上的雕像被认为是女神雅典娜。1733年绿穹珍宝馆的收藏清单上第一次记录了这台时钟，上面提到这五位人物代表了人类的五种感官。

顶部的人物雕像反映出文艺复兴后期自动装置的技术成就：人物内部配有一个机械装置，直接与下方的钟表发条相连接，这样使雕像的头部和右臂可以移动，雕像右臂的摆动巧妙地替代了时针的作用。

这台时钟以相对感性的方式向人们表达了时间的飞速流逝：一个水晶球每一分钟绕刻度盘一周之时，钟盒内部的另一个水晶球就会被托起到其起始位置。这不是我们上面介绍的1600年前后流行的滚球式时钟，这台时钟的滚球机制并不是用来测量时间的，相反，它是用来指示时间的。精确的发条系统由一个可视的钟摆带动，带有三个铃铛的时钟装置每隔一刻钟便会响起。不仅如此，时钟还有闹钟与显示日期的功能。

1693年，埃伯哈丁娜嫁给了"强力王"奥古斯都二世，埃伯哈丁娜于1727年过世后，她的丈夫将这座时钟移到了绿穹珍宝馆。

XV

《赶骆驼的摩尔人座钟》（Table Clock with Camel and Moor）与《埃伯哈丁娜座钟》使用的是类似的钟形，只不过装饰了更为丰富多彩的宝石。近距离观察，可以看到它有序的装饰风格：紫水晶和石榴石几乎覆盖了座钟表面，奠定了座钟紫红色的宝石装饰基调；其他填充部分还有橄榄石、绿松石和祖母绿。宝石周边的装饰由金银丝包围着的白色珐琅和华丽的冷色涂料共同组

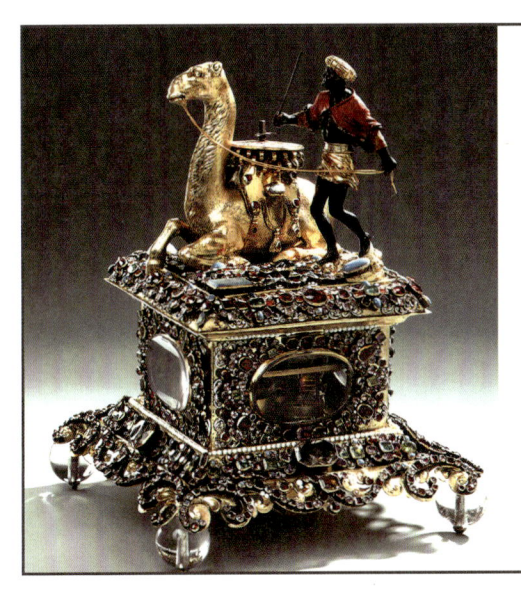

《赶骆驼的摩尔人座钟》,梅尔,约 1674 年,新绿穹珍宝馆藏

成,座钟钟盒的四个侧面装有椭圆形的水晶盘,我们能够看到钟盒里时钟的发条装置。

座钟上方是一对奇异的人畜组合:一个牧人和跪卧着休息的骆驼,骆驼背上放置着时钟盘面。这是自 15 世纪末期发展而来的典型的土耳其流行时尚。

制造者汉斯·雅各布·梅尔(Hans Jacob Mair)是一位举足轻重、多才多艺的金匠,他在奥格斯堡行业协会里的声望非常高,他的作品在欧洲皇室贵族间非常流行,遍布于维也纳、莫斯科、慕尼黑和德累斯顿。

XVI

德累斯顿的金匠约翰·海因里希·科勒(Johann Heinrich Kohler)是个细心之人,他对日常生活的观察可谓细致入微。在《陶艺师》(Potter)这件作品里,他对坐在轮盘后面的陶艺师精雕细琢,经得起任何一项对于细节的考验。

《陶艺师》，科勒，1710—1720年，新绿穹珍宝馆藏

科勒只用了一小块象牙来雕琢这尊小巧玲珑的雕塑。陶艺师身上细腻的色彩酷似当时在德累斯顿非常活跃的卢克家族的雕刻大师的手笔，陶艺师坐在轮盘前的椅子上，身体微微弯曲，专心致志地制作陶瓷容器。他的面前摆放着各式各样的水壶和锅碗瓢盆，从水盆和烤碟上卷须状的花纹可以看出这是为中产阶级制作的陶瓷器皿。陶艺师身后栏杆上的茶壶、饮水器和花瓶，从另一方面反映了当时刚刚起步的迈森瓷器的制作工艺。

XVII

　　新绿穹珍宝馆里众多以珍珠为原材料的作品中，有一件非常富有诗意的作品——《滑冰的荷兰人》（*Ice-Skating Dutchman*）。他在冰面上自由自在地滑行，眼睛注视着充当冰面的镜面玻璃。为了御寒，他抱着双臂拢在胸前，左脚微抬，平稳地滑过冰面。滑冰者身着荷兰服饰，服饰上光洁的珍珠表面和可能来自法兰克福或迈因的金匠宝石般精雕细琢的技艺，给作品塑造了一种冥想的氛围。

　　荷兰人的裤子由一颗硕大而不规则的巴洛克珍珠制作而成，其蓝色珐琅夹克的形状较为简约，相比之下，滑冰者的面部和滑冰鞋在制作细节上显得更为细致精巧。一颗巨大的红宝石打造成荷兰人的帽子，帽檐上镶嵌的钻石进一步突出了制作工艺的精致。

　　价值不菲的钻石、红宝石和祖母绿环绕着镜面玻璃下那高高的基座，下方小盒子上的搪瓷饰板描绘了带有荷兰风情的场景——寒冷的天气与欢快的人群，其繁忙愉快的氛围刚好与滑冰者的孤单身影形成了鲜明的对比。基座其他三面描绘的主题分别寓意丘比特的春天、夏天和秋天。

《滑冰的荷兰人》，佚名，
1705 年之前，新绿穹珍宝馆藏

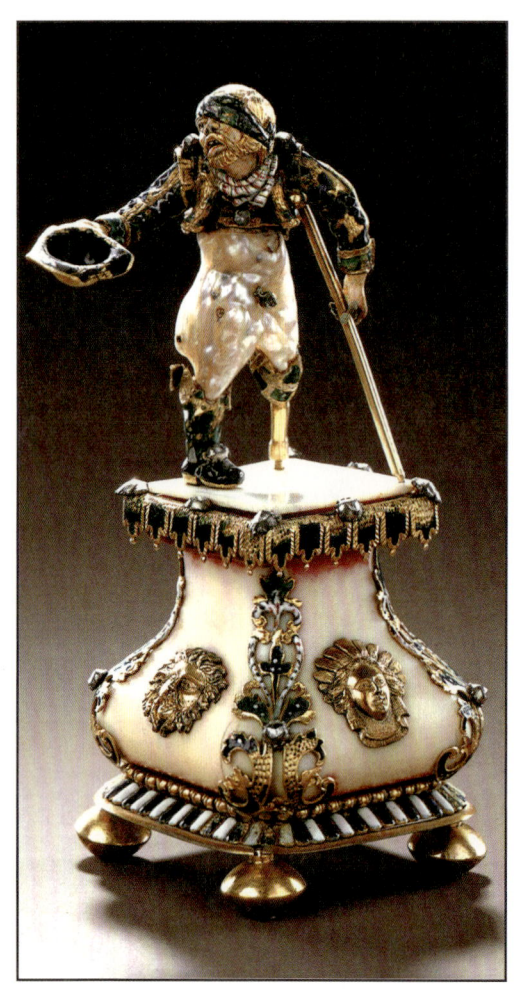

XVIII

让·路易斯·吉拉德特（Jean Louis Girardet）1681年秋天出生于勃艮第的一个小镇上，18世纪早期在柏林工作。作为一位巴洛克后期的珠宝艺术家，他制作的珍珠人物塑像呈现出一种非常罕见的宫廷艺术风格，而这在普鲁士国王腓特烈一世时期的柏林已经失传。

吉拉德特在《装木脚的独眼乞丐》（One-Eyed Beggar with a Wooden Foot）这件作品中刻画出了人物的心理活动，从表面上看，乞丐的身体明显不成比例。这个独眼乞丐的身体是由一颗巴洛克珍珠制成的，左腿只剩下一小截，所以他被迫依赖假肢。独眼乞丐在乞求我们往他的帽子里施舍一点儿零钱，他用这样一个局促的姿态向我们描绘了18世纪穷人的样子。靴子和短夹克让人想起了制服，乞丐背上的背包也是由一颗珍珠制成，猜想之前他是一名退伍军人。

《装木脚的独眼乞丐》，吉拉德特，1725年之前，新绿穹珍宝馆藏

XIX

下面这件《用烤架拉小提琴的厨师》（Cook Fiddling on the Gridiron），厨师扭曲、不成比例的身体给人以一种粗鄙的感觉，他的脸上满是放荡的笑。他很健壮，然而腿的长度要短小得多，而且腰围突出，驼背，颈部上方是不成比例的硕大头颅。

这件作品的独创性在于这位来自法兰克福或迈因的无名金匠别出心裁地让"厨师"以烤架为乐器进行演奏，这位衣着光鲜的侏儒试图举办一场烧烤音乐会；另一个引人注目的是以珍珠为制作材料的挂在厨师身后的鹅，以及似乎在随音乐摇摆的烧瓶和切肉刀，快乐的厨师跳着欢快的宫廷舞蹈，进一步凸显了他滑稽的一面。看着这个人物的时候，愉快的感觉会

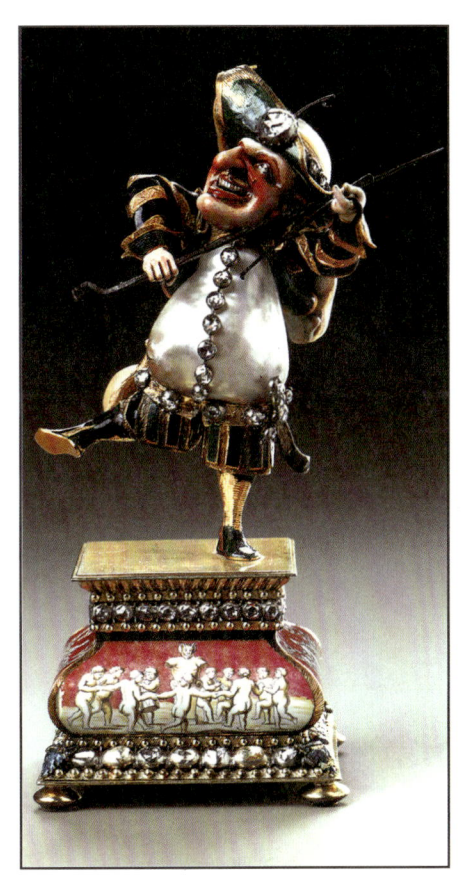

《用烤架拉小提琴的厨师》，佚名，1725 年之前，新绿穹珍宝馆藏

油然而生，甚至唤起人们对于欧洲宫廷里一度盛行过的侏儒弄臣的记忆。作为大自然神奇且任性的产物，这些侏儒完全融入了巴洛克的社会文化之中。

的确如此，比如萨克森宫廷中的侏儒就是列入编制的，有"3名黑人、3名侏儒和1名巨人"。至于在西班牙宫廷，既是管家也是伟大画家的委拉斯凯兹笔下的侏儒形象，在人们的印象中难以磨灭。

XX

《戴着面具摇头晃脑的小丑》（*Harlequin with Mask and Wagging Head*）体现了王室对于娱乐的渴望，因为丑角属于巴洛克喜剧的一部分，他们放荡、幼稚而又有些笨拙。丑角人物的左手边挂着一把木剑，这应该是他演出的道具之一。他的脸上戴着黑色的面具，我们只要对着他的头部轻弹手指，就能使丑角的脑袋左右摇晃。

前面的侏儒厨师与这里的小丑都自带非常奢华的基座，小丑的基座上雕工精美的贝壳浮雕刻画了奥维德的《变形记》中关于雕刻家皮格马利翁的故事，这位雕刻家用爱和美德来雕刻未来的生活。浮雕表面罩了一层水晶作为保护层，周围雕刻着鲜花花束。侏儒厨师所站立的基座则主要描绘了丘比特围着生育之神普利阿普斯跳舞的场景，三块相似的粉红色珐琅板上装饰有聚宝盆和花环，象征着生育。

《戴着面具摇头晃脑的小丑》，佚名，1725年之前，新绿穹珍宝馆藏

XXI

德累斯顿晚期巴洛克金匠大师戈特弗里德·多林（Gottfried Döring）为数不多的传世作品之一就是这件《猫头鹰》（*Owl*），它身上的珐琅羽毛体现出多林精湛的制作技巧。在欧洲的传统中，猫头鹰象征着智慧。猫头鹰凝视着我们的眼睛，是用两颗半球形的玛瑙所制成的，用来给让猫头鹰站立的底座装饰着祖母绿，钻石制成的蜥蜴也在闪烁着耀眼的光芒。猫头鹰的头部是可以转动的，它的颈上戴着一条闪着微光的钻石项链，身上满是镀银的镶嵌物。1713年，"强力王"奥古斯都二世花了1200塔勒买下了这件精心构思的堪称德累斯顿艺术珍宝的金匠作品。

《驮着香水瓶站在龟甲盒上的骆驼雕塑》（*Tortoise Shell Casket with a Camel Carrying a Perfume Phial*）原本属于选帝侯夫人埃伯哈丁娜，严格来说，骆驼驮着收纳玻璃香水瓶的两个镀金的黄铜大箱子，背上坐着一个用象牙和彩色木料制成的摩尔人。香水瓶子上装饰着钻石，还有雕刻的象征四个自然元素的图案。

《猫头鹰》，多林，1713年之前，新绿穹珍宝馆藏

《驮着香水瓶站在龟甲盒上的骆驼雕塑》,1727 年之前,新绿穹珍宝馆藏

XXII

1600年前后，金匠们发现，将产自南太平洋的一种鹦鹉螺翻个身，碗面朝上，就是一个造型独特而优雅的酒杯和收藏品。在我们接下来要欣赏的这两款特别为奥古斯都二世制作的酒杯之前，鹦鹉螺酒杯的制作艺术已经发展了很长时间。

这款《带有萨蒂尔的鹦鹉螺酒杯》（*Nautilus Goblet with Satyr-Shaped Shaft*）的设计非常精致，杯体是闪烁着贝壳光泽的鹦鹉螺，神态尴尬的萨蒂尔（森林之神）用脖子支撑着杯体，他的头被压到了另一边，似乎在寻求救援，他右侧的山羊脚牢牢地被固定在平坦的底座上，他的左手支撑着杯体底部寻求平衡点。萨蒂尔蹲坐着的圆形区域的空间很小，显得他的负担更加沉重。巴尔赛萨·佩莫泽尔在构思这个高脚杯的时候，非常智慧地将森林之神的特征——他的排笛、常春藤花环和兽皮衣服——与劳动和责任结合在一起。镀银的钩子上布满了葡萄藤叶和葡萄装饰，对应着酒神节的主题。酒杯的边缘栖息着一头微笑着的黑豹，这是酒神狄俄尼索斯的象征。

佩莫泽尔是我们多次提到过的德累斯顿宫廷雕刻师，但这只酒杯也融合了鲜为人知的柏林金匠伯恩哈德·奎皮（Bernhard Quippe）的创意。1698年到1708年间，佩莫泽尔来到普鲁士的勃兰登堡，与奎皮合作完成了这件作品。

另一款《带珊瑚枝的鹦鹉螺》（*Nautilus Goblet with Coral Branches*）是1724年为了装饰绿穹珍宝馆，由前文提到过的科勒在因缘际会下为奥古斯都二世所创作的一件特殊的宝贝。当时，这位宫廷珠宝设计师采用了绿穹珍宝馆没有的艺术元素，并将其组合起来。杯体是带有卷须装饰的鹦鹉螺，其表面是风格奇特的浮雕，这和现存于绿穹珍宝馆的其他酒杯一样，一开始是没有底座的，装饰精巧的具有异国情调的鹦鹉螺壳是由17世纪下半叶阿姆斯特丹的金匠负责雕刻的。

　　一个戴着面具的怪诞人物穿着胸甲，骑在一头龙的背上，用乌龟充当坐垫，这个人物的头上就是酒杯的杯体。互相缠绕在一起的珊瑚组成了龙的后腿和尾巴，这一奇特的组成部分可能是17世纪初期在纽伦堡制作而成的。

　　设计师科勒巧妙地将两个原本格格不入的部分和谐地融合在一起，从设计师在酒杯顶部的杯缘镶上刻有花纹的金边，足见其优异的金匠技艺。杯顶竖立着一条俏皮的龙，它张开嘴巴，牙齿清晰可见，这条极具创新精神的小龙为酒杯增添了活力和想象力。

《带有萨蒂尔的鹦鹉螺酒杯》，佩莫泽尔与奎皮，约1707年，新绿穹珍宝馆藏

《带珊瑚枝的鹦鹉螺》,科勒,约 1724 年,新绿穹珍宝馆藏

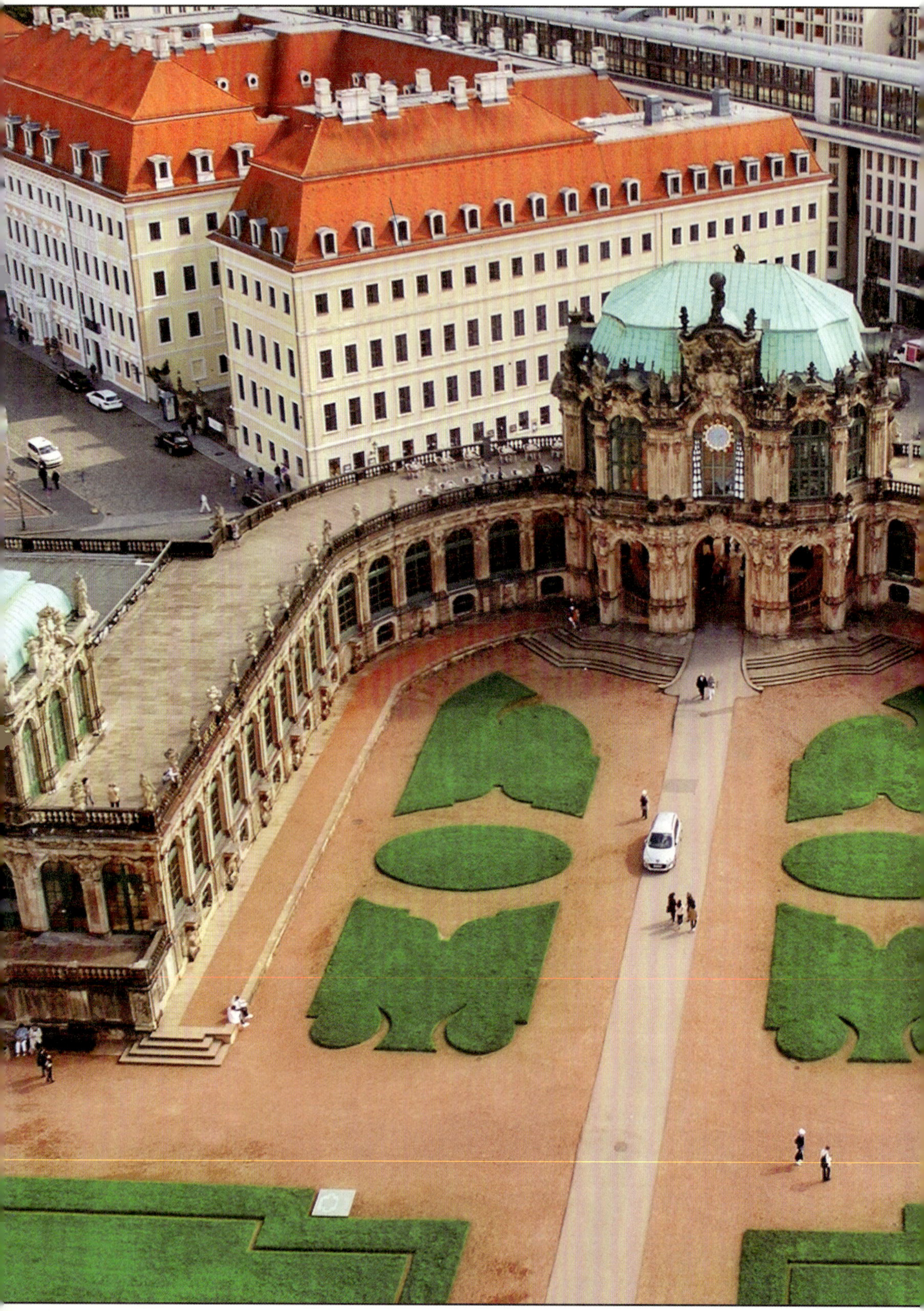

第七章

新绿穹珍宝馆（下）

新绿穹珍宝馆最具代表性的藏品非《大莫卧儿君王》莫属，按照现在的说法，这件历时6年才完成的艺术品可以说是欧洲巴洛克金匠艺术的大师级杰作。从整体设计上看，它算得上是德国的第一件充分记录有中国装饰艺术元素的作品。今天的《大莫卧儿君王》依然装饰有5000多枚各式珠宝，虽然其中将近约400枚的珍珠与宝石已经因为岁月的洗礼而不知所踪。

I

参观新绿穹珍宝馆时，我一直在寻找"强力王"奥古斯都二世的珠宝制作大师丁灵格的那两件巨作，没想到它们竟然就在出口附近，此时我已经精疲力竭，不过还是硬撑着看完了。

我们在绿穹珍宝馆中已经读过丁灵格的作品，这里先欣赏一件他的不是很出名的作品。

传闻宫廷雕刻师佩莫泽尔与丁灵格在1700年之前合作完成了两件小型的黑檀木非洲黑人雕像，据说这也是佩莫泽尔在德累斯顿最早创作的人物雕像。骑在灰色象牙马上的鼓手和小号手的原型来自萨克森宫廷乐团，按照宫廷出席喜庆场合的顺序，这种高薪聘请的乐师一般都是占据头等次席的。有节奏地敲着鼓的黑人鼓手是由丁灵格精心设计的，人物身上还配备了工具、武器和骑行装备，丁灵格还制作了一个只能近距离才能观察到的小型雕刻，

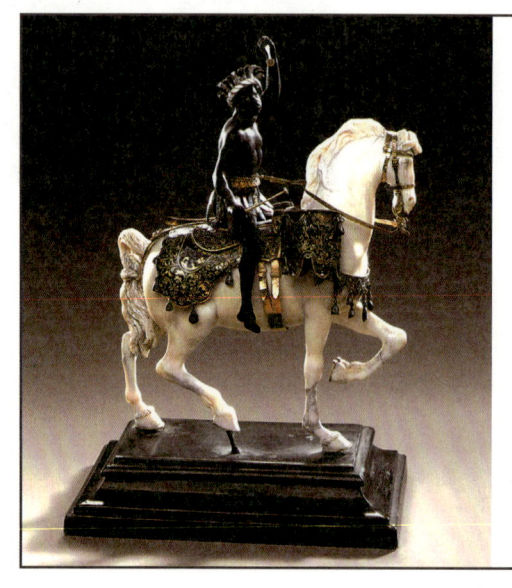

《骑在马上的非洲鼓手》，佩尔莫泽 & 丁灵格，1695—1700年，新绿穹珍宝馆藏

要把一层层覆盖着的装饰撩开来才能看见。奥古斯都二世非常喜欢这些带有珠宝特征的微型艺术品，这一喜好也促成了《黄金咖啡器具》（*Golden Coffee Service*）与《大莫卧儿的君主》（*The Throne of the Grand Mogul Aureng-Zeb*，又名《奥朗则布王室》）的设计，比如身材矮小的摩尔人雕像确实启发了《大莫卧儿的君主》的整体细节设计。

II

1698年6月，奥古斯都二世将丁灵格提拔为宫廷御用珠宝设计师，以犒赏他始终如一的勤劳和忠诚以及他一直以来创作的高质量艺术作品。早在1697年9月奥古斯都二世加冕为波兰-立陶宛国王时，丁灵格就已经开始制作《黄金咖啡器具》，但当时并没有这件作品的订单，这是非常冒险的行为，意味着丁灵格自己投入的资金可能会颗粒无收。1701年，他带着45个咖啡器皿、4尊象牙雕像和这件镶有5600颗钻石和宝石的《黄金咖啡器具》，远赴华沙呈献给奥古斯都二世，国王毫不犹豫地支付了5万塔勒银币的巨款。

这套大件被称为咖啡器具，也可以用来喝茶或喝巧克力，由纯金制成，外面嵌有珐琅，因为瓷器直到1708年才在欧洲烧制成功。

45个咖啡器皿分布于金字塔形摆架的五个平面上，中间一层平面上是四座象牙人物雕塑，代表古代神祇尼普顿、克瑞斯（农业与丰收女神）、墨丘利和密涅瓦。众神各自拥有一套包括杯子、杯托、废水盂、托盘和玻璃管形瓶在内的咖啡器具。

摆架狭窄的平面上放置着两个带盖的有柄杯子，白色的托盘上装饰着远东的图案，都是欧洲"瓷器"时尚的最早典范，体现了奥古斯都二世对于自主生产瓷器的强烈渴望。

《黄金咖啡器具》，丁灵格，1697—1701 年，新绿穹珍宝馆藏

其他价值不菲的容器还有位于摆架顶端的龙形水壶和两个带盖的展示器皿，以及有天鹅装饰的糖罐子，都是纯金打造的，它们的表面都覆盖着钻石，在夜晚烛光的映衬下，个个闪耀着璀璨的光泽。

丁灵格的咖啡器具无论从哪个角度看都是一件极具创新性的艺术品，它标志着18世纪针对欧洲统治者的专项服务的开始。此外，它也反映了从1700年之前欧洲人对于茶、咖啡以及巧克力的偏爱。

然而，容器本身过于烦琐的工艺以及用料的靡费总是给它的使用带来诸多不便，特别是在用于热饮的时候。

《黄金咖啡器具》是一件非常卓越的巴洛克艺术品，称得上是奥古斯都巴洛克艺术风格的起源。

《黄金咖啡器具》制成之后的遭遇也是波折重重，在大北方战争中同盟军被瑞典击败后，奥古斯都二世发现自己处境艰难，于是他把这套《黄金咖啡器具》拿出来使用，期待能给波兰贵族留下深刻的印象。这件艺术品于1704年被辗转带到德累斯顿，1705年又被典当到了汉堡，直到1715年才被赎回。1725年，它最终被转移到了绿穹珍宝馆。

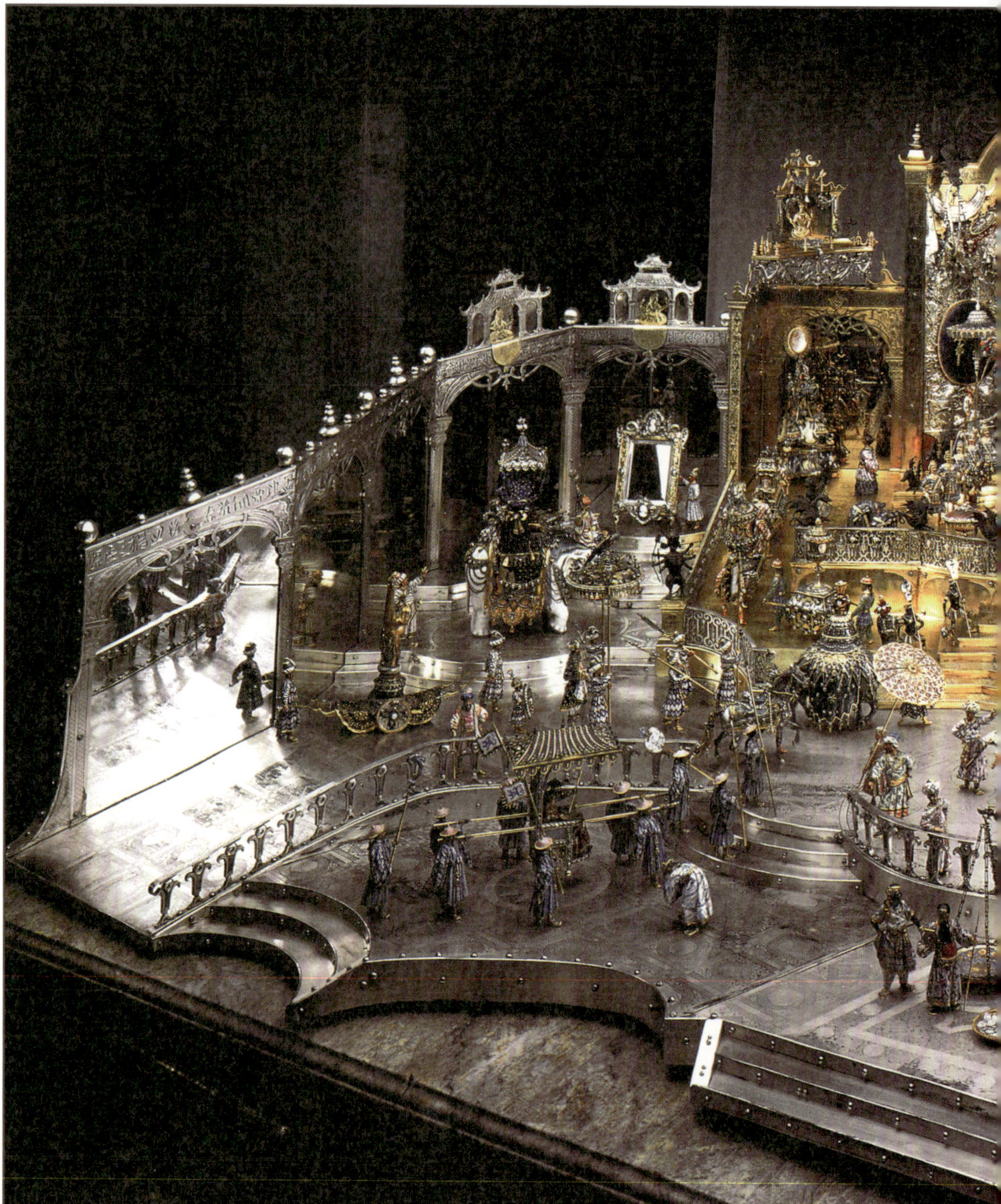

《大莫卧儿的君主》，丁灵格工作室，1708年，新绿穹珍宝馆藏

III

1707年10月11日，丁灵格向远在莱比锡参加庆祝活动的奥古斯都二世随函呈递了一份报价单。在信中，他诚挚邀请国王前来观赏《大莫卧儿的君主》。这件精品在丁灵格工作室历时6年才接近完成。

在信中，有一段关于《大莫卧儿的君主》的简单描述：

《大莫卧儿的君主》包括：一个台阶、拱门、格子图案及其他装饰的宫殿，依据缩小的比例，其周身宽82腕尺，高60腕尺。层层升起的台阶的上方是宏伟的王座，上面坐着大莫卧儿国王，他脚下的红色箔毯上镶嵌着一颗巨大的菱形钻石，他身边围着一圈侍卫。前来朝见的王公大臣带着各种礼物走向宫廷，并满怀敬畏地将它们放下。宫殿里共计132人，礼物共有33件。

从1701年开始直到1708年，丁灵格与两个兄弟完成了《大莫卧儿的君主》，1709年被奥古斯都二世收入囊中。

印度大莫卧儿王奥朗则布（Aurangzeb）的统治从1658年开始，直到1707年结束，持续了49年。他被欧洲人视为一个拥有庞大的权势、财富和绝对王权的神话人物。

奥朗则布是蒙古王朝的后裔，蒙古王朝对印度次大陆的逐步征服始于16世纪早期。著名的泰姬陵就是奥朗则布的父亲沙·贾汗（Shah Jahan）统治时建造的。沙·贾汗病重时，他的四个儿子开始了残酷的内战，奥朗则布在内战中胜出，并囚禁了已经康复的父亲。

奥朗则布为莫卧儿帝国赢得了最大的版图，他在89岁时去世，帝国也随之衰亡。

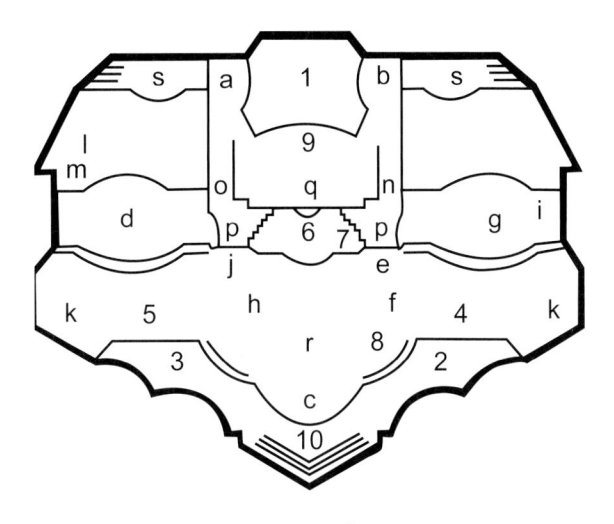

《大莫卧儿的君主》分布图

1. 大莫卧儿君主——奥朗则布与身旁的卫兵与大臣
2. 地位仅次于奥朗则布的王储与正在向王储行礼的贵族
3. 中国皇子与正在向他行礼的官员
4. 王子（地位低于王储）
5. 华盖下的首席大臣
6. 司库大臣
7. 站立着的贵族，拥有1.2万匹马
8. 宫廷主管
9. 市财政官
10. 用金银币称体重的天平与钱币记录官
a. 王储的礼物——太阳金字塔
b. 王储的礼物——月亮金字塔
c. 王储的礼物——带水坛的喷水花瓶
d. 中国皇子的礼物——白色骑象
e. 中国皇子的礼物——土耳其配饰风格的骆驼
f. 中国皇子的礼物——土耳其配饰风格的宝马
g. 王子的礼物——灰色猎象
h. 王子的礼物——猎马
i. 王子的礼物——两只猎犬
j. 首席大臣的礼物——波斯配饰风格的骆驼
k. 首席大臣的礼物——两尊"誓言之手"雕塑
l. 司库大臣的礼物——中国风的家具
m. 司库大臣的礼物——两件黄金长颈瓶与猎犬
n. 站立着的贵族的礼物——带盖金瓶与便携床
o. 宫廷主管的礼物——蛇柄金瓶与微型时钟
p. 向王储行礼的贵族的礼物——牛角杯与金质高脚杯
q. 市财政官的礼物——咖啡与茶具、鸟笼与玉碗
r. 向中国皇子行礼的官员的礼物——装满礼物的百宝箱
s. 其他大臣的礼物——大镜子与咖啡用具

Ⅳ

当丁灵格开始描绘这位远东君主的辉煌时,奥朗则布却在拼命维护他的王权。然而,在欧洲,人们只看到了游记中记载的他年轻时发动战争所取得的巨大成功,因此直到18世纪,他仍被视为世界上最富有最强大的君主——他是当时已探明钻石矿的唯一拥有者,此外,他还拥有大量的黄金、白银、奇珍异石、名贵香料和从别国掠夺来的财宝。在欧洲人的眼里,奥朗则布是那个超级大国唯一的统治者,一位极具魅力的君王。

丁灵格对大莫卧儿王的生日宴会的研究资料来自描写印度宫廷的游记,也包括对康熙皇帝宫廷的描述。例如,丁灵格参考了弗朗索瓦·伯尔尼医生的游记,在书中,医生写道:"每逢大莫卧儿王的生日盛宴,按照惯例,他都要称体重。"这种国家盛典在每年的11月4日举行,共持续5天。宴会那天,国王要称体重,如果他比去年重了,就会出现一阵欢呼声。仪式过后,国王登上宝座,接受臣民的朝拜,他们奉献给国王的礼物有钻石、红宝石、绿宝石、珍珠、金银、精美的绒毯、大象、骆驼,还有宝马,这些礼物的价值加起来超过3000万法郎。

但丁灵格没有严格按照任何一本书的描写进行创作,他创造性地融合了很多资料的关键细节和这些细节带给他的总体印象,目的是要创作一些新东西。

由于这件艺术品展现出大莫卧儿王统治下的多民族疆域,使得丁灵格的作品具有丰富的民族学价值,这也是他作品的特殊魅力之一。在《大莫卧儿的君主》中,有印度人、土耳其人、波斯人、中国人、摩尔人、蒙古人,宝座周围的后墙上甚至还挂着一幅具有日本风格元素的宫廷图。从民族学的角度看,在对人物服饰与乘坐的轿辇等细节的处理上,可以说丁灵格制作得非常精确，但是在一些象征性事物和礼物的制作上，他又深陷巴洛克风格而不能自拔。

V

有预言说，一位名叫奥古斯都的韦廷王朝的统治者有朝一日也会统治一个大帝国，如印度帝国那般。《大莫卧儿的君主》也许就是受到这个预言的启发而制作的，可从今天的眼光看，这简直是讽刺作品。

1701年到1709年间，"强力王"奥古斯都二世在大北方战争初期蒙受了巨大的损失，他与丹麦和俄罗斯结盟，共同抵抗强大的瑞典。1700年2月，他们袭击了瑞典利沃尼亚（Livonia）的领土，瑞典国王查理十二世迅速反击，不仅打败了奥古斯都的丹麦表亲，还给俄国沙皇以粉碎性打击，之后，瑞典国王又把注意力转向波兰和萨克森。

1701年，也就是丁灵格开始创作《大莫卧儿的君主》时，奥古斯都的军队在对抗瑞典人的战斗中第一次遭到重创，在之后的几年里，奥古斯都的首要目标是保卫他的波兰王国，抵抗节节胜利的瑞典人。他作为选帝侯，还得巩固萨克森的绝对专制权力。

但他失败了。1704年，波兰的贵族议会在瑞典人的压力下，宣布废黜奥古斯都二世，选举亲瑞典的人担任国王，然而，奥古斯都并没有放弃自己的波兰王位。1706年，奥古斯都的军队再次被瑞典人打败，瑞典人轻易征服了萨克森。同年10月，奥古斯都首次击败瑞典的一支军队，但萨克森议会已经签订了《阿尔特兰施泰特合约》，合约的条件十分苛刻，不仅要求奥古斯都二世支付大量赔款，还要放弃波兰王位。11月30日，回到德累斯顿的奥古斯都二世被迫接受合约，宣布投降，这意味着奥古斯都的权力已经缩小到了最低点，被剥夺了波兰王位后，他只不过是个德国小州的统治者而已，要想成为莫卧儿帝国的君王已是遥不可及的梦想。1707年到1709年，奥古斯都被限制在萨克森境内。

1707年初，波兰还在瑞典的统治下，5月中旬，瑞典军队开始撤离波兰。

9月中旬，瑞典人也离开了俄罗斯。1707年，丁灵格将《大莫卧儿的君主》呈献给国王，虽然当时波兰债台高筑，几近崩溃，可恰好也是国王需要恢复他的尊严的时候，这倒是个不错的时机。

1709年，奥古斯都二世用6万塔勒买下了丁灵格的这件大作。这一年，奥古斯都二世可谓如鱼得水，丹麦国王到萨克森首府进行国事访问，联盟大会成功举行；7月中旬，俄罗斯军队在大会战中击败瑞典人，查理十二世逃到奥斯曼帝国避难；奥古斯都二世立即与俄国沙皇结盟，紧接着宣布之前的合约无效，然后率领军队越过波兰边界，要夺回王位。

VI

《大莫卧儿的君主》的许多特色在于它所使用的材料，比如，金银的使用贯穿整个场景：这件作品的底座和周围的墙有些是用白银制作的，有些是镀银的，底座下是一块木心桌案，宝座周围的区域装饰有珍贵的宝石和靓丽的珐琅彩，支撑宝座上华盖的龙是用氧化银制作的。

庆生队伍中的人物和动物有的全部涂了珐琅彩，有的只涂有薄薄一层粗糙的金粉，这些或暗或明的珐琅彩的虚幻光泽给观赏者留下了深刻的印象。这些人物、动物和礼物都是用纯王冠金制成的，使《大莫卧儿的君主》闪耀着珐琅彩明亮的光泽，只有一部分可以看到黄金的色泽，服装的褶边、腰带、头巾、鞋子、纽扣和兵器是金色的，礼物都是单独设计的，人物是按照几个

金银的使用贯穿整个场景，大莫卧儿君主所在的区域金碧辉煌

基本的模型设计的，但这些约5厘米高的人物并不雷同，原因在于他们的服饰各具特色、人物形态各异。人物的内部是中空的，表面有涂布磁粉，这种涂布磁粉在第一次烧制时和打底珐琅时使用，然后，在这些人物的身上再涂上一种淡淡的珐琅调和彩，经过多次连续不断地烧制，这种珐琅彩就印在人物的身上，每次烧制的温度都比前一次低一些。涂珐琅的技术非常有趣，涂绘的过程给每个人物、每件器物增添了不少美感。

VII

涂过珐琅彩之后，有些部分由技艺精湛的金匠加工一遍之后再装饰上大量的宝石，奥朗则布身上就镶嵌了68颗钻石，其中的6颗已经遗失。王储是帝国的二号人物，他身上有42颗钻石，乘坐的华丽的轿子上镶嵌了58颗钻石，离他不远处的那头灰色猎象身上至今还保留有328颗小钻石，还有附近那头较小的骆驼，加上它身上的土耳其鼓手，到目前为止还保存着319颗小钻石。丁灵格所用的钻石当时只能从印度购买。

奥朗则布周围的宝石尤其引人注目，显示出这位帝王尊贵的身份。大莫卧儿王座下面的基座上有一颗很大的钻石，在丁灵格呈递给国王的账单里，仅这颗钻石就价值4000塔勒，丁灵格在德累斯顿的府邸加上他的工作室才值这么多钱。

《大莫卧儿的君主》的总价值相当于萨克森王室的夏宫皮尔尼茨宫（Pillnitz）。根据丁灵格的账单，白银花费约1000塔勒，王冠金大约是6850塔勒，除了单独列出的大颗钻石，其他小钻大概花费了7150塔勒，与之相比，购买绿宝石、红宝石、珍珠仅花费了175塔勒。

VIII

在创作的第一阶段，丁灵格融合远东地区和欧洲的建筑样式，重现了莫卧儿宫廷的庆典举办场地。他在建筑方面的造诣很高，尽管宫殿里整个场景的制作仍然是奥古斯都时期巴洛克艺术的重要成就之一，但它也为后来在萨克森地区流行的中国式建筑提供了模型。

《大莫卧儿的君主》表面宽142厘米，高114厘米。宫殿部分由逐渐拔高的三层组成，每层都分为一个个单独的平台，它们之间由向内或向外弯曲的阶梯或倾斜的平面连接而成。从观赏者的角度来看，它的底座朝外扩展成一个不太规整的三角形平面，紧接着是一个前宽后窄的梯形平面。建筑后方与侧面的墙上都装有镜子，可以映照出宫殿的舞台背景。越靠近王座的方向，装潢修饰的程度越高。镜子的使用在视觉上放大了宫殿的场景，增加了映在镜子中人物的视觉效果，同时也帮助我们更加准确地描绘了这个建筑。

除了镶嵌有镜子的貌似拱廊的部分，后面角落由阶梯连接的两个较低的区域也强化了这种虚幻的效果。每个平台都有一段栏杆作为分界，围绕中间王座区域的平台镀了一层黄金，以突出宫殿中地位最高的人物。与之相连的阶梯和平面以及靠近它的后墙都是金色的，这个区域内的镜子墙也嵌着金色的框架。

德累斯顿的文物专家西恩德拉姆感叹道："近距离观看时，你会发现宫殿建筑的表面都有精美的纹饰，它们保留着自己独特的美，同时又形态多变。地板上也装饰有图案花纹，上面的星星、圆圈和十字图案与周围的建筑形成鲜明的对比。"只有携带着重礼来出席国王生日宴会的最为重要的宾客才可以站在这个刻有美丽图案的区域。

丁灵格所理解的大莫卧儿王宝座包括后面整个儿一堵金色的墙壁、中间

宝座后墙边缘刻着中国样式的文字

的七级台阶以及中间猩红坐垫下的宝座，在创作这个区域时，丁灵格发挥出精湛的技艺，在大莫卧儿王后边可以看到狮子徽章，它象征着奥朗则布。狮子被嵌在玛瑙镶板里，周围闪烁着金色和银色的光辉，玛瑙镶板外边有一圈红宝石，宝座后面墙上镶的是蓝宝石。两根挂着各种兵器的台柱立在宝座的两边，为宝座上面的华盖提供支撑，华盖上有四层帷幕，它由上方黑龙口中

大莫卧儿王坐在宝座上,身后是象征权力和地位的狮子徽章

叼的银索托起。宝座区域的制作明显出自丁灵格的精心设计,宝座上方的华盖中间嵌着一颗明亮的无色水晶,周围被银色光束环绕,使得水晶的光恰好落在这位君主的身上。

　　有一个细节告诉我们,这件技艺精湛的艺术品并不是为那些参观皇室珍宝的普通客人制作的,其目的是取悦国王与他的贵客,只有那些能来到宝座旁边的贵客才能看见宝座上方是一只精心雕刻的开屏孔雀，孔雀羽毛上装饰着绿宝石。宝座左右两边屏风上雕刻的银制神兽与孔雀的雕刻工艺不相上下，镶嵌在金色浮雕边框里的表现东方风情的椭圆形天青石镶板竖直地放在宝座后面屏风的中心。

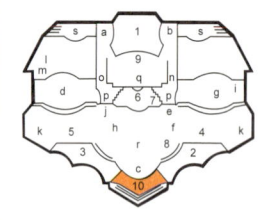

大莫卧儿君主每年生日时用来称体重的天平

西恩德拉姆认为还有一个地方值得大家注意,宽阔的壁柱上印着精美的埃及神像。18世纪早期,古埃及法老文明被认为是中国文明的摇篮,这或许可以解释为何宝座后面的屏风顶部与拱廊边缘刻有中国样式的文字,但当我仔细看时,又难以辨认这些文字。

在巴洛克的欧洲,拥有神秘文化、宗教与价值体系的古埃及文明被视为欧洲文明之外的高度发达的文明发祥地,这一点在丁灵格设计的天平上也有所体现,由于天平是供国王使用的,所以它们的摆放位置与宝座区域相连。天平附近有两个柳条筐(里面装有94块小金币和154块小银币)、一个检察官、一个珍宝记录员和一个手持华盖的摩尔人。

据说,奥朗则布每次用金子和银子来称自己的体重,然后把这些金银赠给德里的穷人。

IX

大莫卧儿君主坐在宴会中心高高的宝座上,头戴镶满钻石的王冠式头巾,手拿权杖,他似乎没有注意到眼前壮观的宾客队伍——进入宫殿的宾客尊卑有别,地位最高的人排在队伍的最前面,王储与官员之间的地位明显不同,即通过他们身上佩戴的饰物与身边仆人的数量就能一眼分辨出来。

王储坐在一顶由四人抬着的华丽轿子里,身边跟着11名身着东方服饰的随从,左右两人为他撑着一顶椭圆形的华盖,还有三人走在队伍的前面,其中一人手持象征王储身份的盾徽。根据丁灵格的细致描述,王储送给国王的是一对日月金字塔,装在宝座两边的墙上,两个心怀崇敬之情的人对它们惊叹不已。王储还送给国王一份价值连城的礼物,一个在当时被称为"喷水花瓶"的喷泉,它连同盛水的坛子一起放在了第二层平台中央靠近边缘的位置。

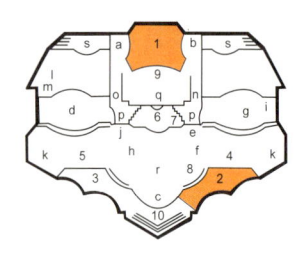

大莫卧儿君主

王储的轿辇与向他行礼的贵族

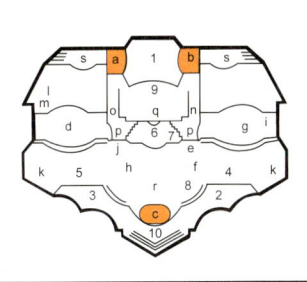

王储送给大莫卧儿君主的礼物：一对日月金字塔和一个带水坛的喷水花瓶

215

接下来是地位仅次于莫卧儿君主与王储的中国皇子，他坐在中国式的带华盖的轿撵中，由四个奴仆抬着。他身着中国华服，被六个身穿中国服饰的随从簇拥着，他们拿着代表其权力的另一种盾徽。这位皇子送给莫卧儿君主一头白色骑象、一只身披土耳其饰物的骆驼和一匹宝马，它们身上的装饰风格基本相同。

位于王储右侧的另一位王子身旁跟着九名随从，他头戴一顶镶着钻石的华丽头巾，身穿长袍，长袍的后摆由一个随从托起（编者注：由于拍摄角度的缘故被遮住了）。他走在四个身着土耳其长衫的黑人随从撑起的华盖下，还有四个随从分别走在他的前面和后面。王子献给国王的礼物都与狩猎有

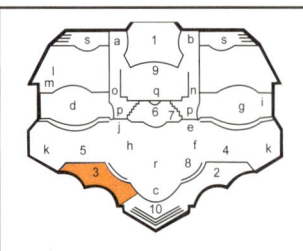

中国皇子与向他行礼的官员

关——一头灰色猎象（背上有猴子、鹦鹉、猎豹、四名黑人）、一匹猎马、以及两条由仆人牵着的猎犬。

下面这位重要人物是行政部门的首脑——首席大臣，或者也可以称作"维齐尔"（Vizier）。他带着六个随从，头上有顶华盖，由两个随从撑着，华盖上面停着一只鹦鹉。一个身材矮小的随从跟在他的身后，托着代表他身份的盾徽。这位重臣带来的礼物是一头身披波斯风格饰物的骆驼和两个

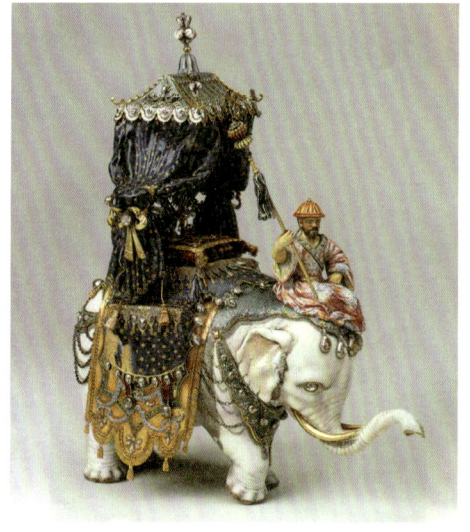

中国皇子送给莫卧儿君主的礼物：白色骑象、土耳其装饰风格的骆驼与宝马

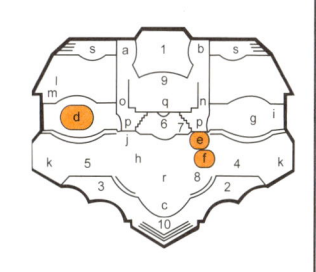

刻了象形文字的"誓言之手"雕塑，这两只"手"分别装在车里，正由随从推过来。

地位仅次于首席大臣的是司库大臣，身后的一个黑人随从手持一顶四角华盖。司库大臣献给国王的礼物包括一张中国风的喷漆方桌和两张小摆设桌，由两名仆人用撑架抬着，此外还有几个身着印度服饰的仆人正用撑架抬着巨大的金瓶，其中一人还牵着两条猎犬。

王子长着一副欧洲人的面孔，随从都是黑人

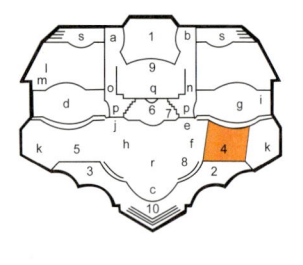

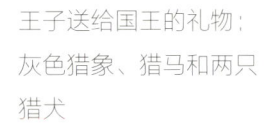

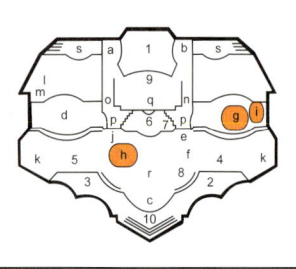

王子送给国王的礼物：灰色猎象、猎马和两只猎犬

位高权重的首席大臣站在高大的华盖下面

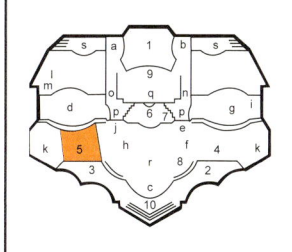

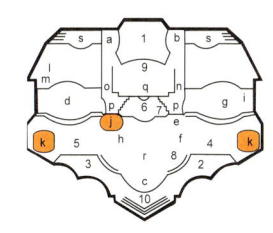

首席大臣送给国王的礼物：波斯装饰风格的骆驼与"誓言之手"雕塑

那位站立着的拥有1.2万匹马的贵族，身旁也有一个为他撑着华盖的仆人，另两个仆人给国王带去了一只精美的花瓶，还有两个仆人抬着另一件礼物——便携式床榻。

正在向王储行礼的贵族给君主的礼物则是一个金质高脚杯与一个装饰着珐琅的牛角杯，由他的中国仆人抬进来。

还有国王的宫廷主管，他送给国王的礼物是一个蛇柄花瓶和微型时钟。

跪在王座前阶梯处向莫卧儿君主行礼的是市财政官和他的两个仆从，一旁的仆人拿着华盖站在附近，旁边精美的咖啡用具与茶具，以及玉碗都是送给国王的礼物。

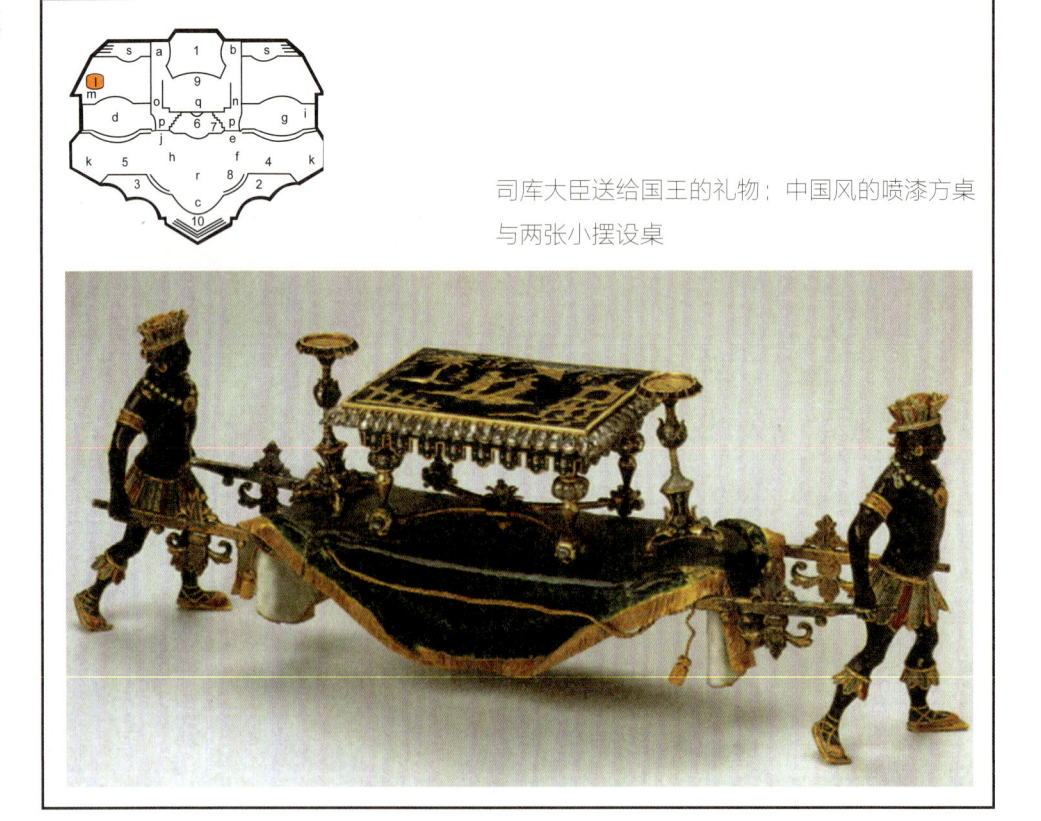

司库大臣送给国王的礼物：中国风的喷漆方桌与两张小摆设桌

站在中间台阶上的贵族送给国王的礼物：一只精美的带盖金瓶

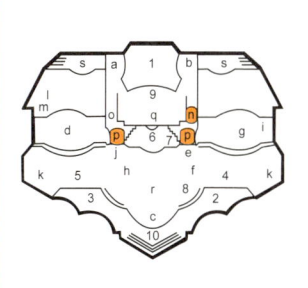

向王储行礼的贵族送给国王的礼物：装饰着珐琅的牛角杯与金质高脚杯

221

宫廷主管送给国王的礼物：蛇柄金瓶与微型时钟

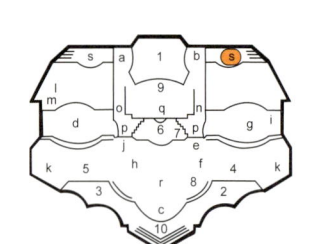

精美的玉碗与其他大臣送给国王的礼物：咖啡用具

X

《大莫卧儿的君主》共有 132 个人物，只有几个人物是固定的，其他人物或立或躺，大多数人物都可以自由移动。今天人们看到的个别人物身上有破损的部分，可能是这些制作精致的人物倒掉时身上的珐琅彩脱落所致。

《大莫卧儿的君主》是一件可以变化甚至互动的艺术品。对于它最初的主人"强力王"奥古斯都二世来说，他既可以仔细端详它们，又可以按照自己的心意将它们重新组合。德累斯顿任何豪华庆典与游行活动都有"强力王"奥古斯都二世的身影，他是这方面的专家，这件《大莫卧儿的君主》就是供奥古斯都消遣的玩物，因为他可以借此摆玩远东王室宫廷那隆重的仪式盛会。

不过，今天展出的这件作品的布局应该与丁灵格想要表现的效果最为接近，因为这位巴洛克珍宝大师留下了相对详尽的说明。

《大莫卧儿的君主》向来被陈列在新绿穹珍宝馆的中心位置，而今天的展出地点位于新绿穹珍宝馆西边的大殿，放置在一个两侧都装有防眩装置的玻璃箱内。

XI

丁灵格对于那些珍贵材料的处理可谓非常精通，不仅如此，他还很懂得搭配和形状处理——这使得他与其他艺术家和工匠的合作更为成功，从而制作出更多无与伦比的艺术珍品。他制作出来的珍宝装饰能够轻易取悦观众的眼睛。

他也深知如何运用当时所谓的民族眼光以及自己对于美的敏感性和深厚的知识，来刻画古代的历史与神话。

《埃皮斯祭坛》,丁灵格 & 胡布纳,约 1724—1731 年,新绿穹珍宝馆藏

《埃皮斯祭坛》局部细节

《埃皮斯祭坛》（Apis-Altar）是丁灵格大师的最后一件作品。他死于1731年3月，这件作品的风格被划为晚期巴洛克珍宝艺术风格。作为一件摆在墙上的装饰品，唯一可以与之媲美的恐怕只有1718年到1722年间的《奥古斯塔利斯方尖碑》了，我们在前面的绿穹珍宝馆中已经赏析过了。

因为这件《埃皮斯祭坛》，丁灵格终于在他生命快结束时恢复了自己的艺术设计水平，堪比他最出名的作品《大莫卧儿的君主》。丁灵格在这件祭坛作品上装饰了与欧洲文化完全不同的元素。20年前，远东文化在欧洲掀起了一股中国风时尚，由于传教士和贸易往来，古埃及法老的宇宙之神出现在了祭坛的中心位置，顶上的方尖碑使得这件作品成为18世纪早期欧洲思想观念的最佳诠释。

丁灵格运用大量的人物、符号和饰品，以其个人的理解为人们展示了古埃及神话中奥西里斯的有关死亡与复活的故事，祭坛的基座上雕刻着地狱判官奥西里斯斜倚在棺材上的模样。上方的壁龛里有金色珐琅人物和一头神牛（神祇奥西里斯在人间的形象）乘坐着驳船穿过尼罗河的场景。石匠克里斯托弗·胡布纳用红玛瑙创作了巨大的浮雕，上面展示有伊西斯神和来自埃及万神殿的诸神在奥西里斯死后对他的崇拜。上方圆形球体的珐琅彩上描绘了伊西斯和奥西里斯夫妇，还有他们的孩子荷鲁斯，其他的神祇则画在高高的方尖碑上的柱上楣构处。该方尖碑模仿的是 1588 年重新竖立在罗马拉特兰教堂的广场上的古埃及纪念碑。

《埃皮斯祭坛》就像是石匠工艺、珐琅彩绘画和珠宝制作等工艺成就的巨大展示台，直到丁灵格死后 7 年、奥古斯都二世死后 5 年的 1738 年，奥古斯都三世买下了这块将近 2 米的巴洛克风格的祭坛，并将其放在绿穹珍宝馆中。

XII

最后看一件新绿穹珍宝馆接近出口处的展品：《选帝侯夫人阿马莉的大胸针》（*Large Chest Bow of Electress Amalie Auguste*）。

萨克森珠宝配饰不仅满足主人招摇过市的需求，还可以满足主人在非常时期筹措现金的财务需求。这些皇室珠宝在 18 世纪的欧洲可是非常重要的资金来源，正因为如此，萨克森选帝侯腓特烈·奥古斯都三世（Frederick Augustus Ⅲ）在 1806 年加冕为国王后（改称为腓特烈·奥古斯都一世），决定仅保留少数几件珠宝，将其余所有明亮切割型珠宝饰物都抵押给荷兰，从而获得价值 140 万荷兰盾的贷款。这枚奥古斯都一世送给妻子阿马莉（Amalie of Zweibrücken-Birkenfeld）的大胸针，就是没有抵押出去的其中一件珠宝。

《选帝侯夫人阿马莉的大胸针》，克里斯蒂安·格罗比，1782年，新绿穹珍宝馆藏

　　大概到了1800年，佩戴于礼服颈线下方的装饰性胸针在当时非常受宫廷贵族女士的青睐，华丽而沉重的胸针展示了异常丰富的钻石装饰之美。这件大胸针制作于1782年，即选帝侯夫妇的女儿玛丽亚·奥古斯都（Maria Augusta of Saxony）出生前后。与其他王妃的首饰不同，这枚大胸针并不完全为阿马莉所有，而是划为韦廷家族的官方收藏，也正是因为这个原因，它才出现在了绿穹珍宝馆的藏品清单上。

　　钻石来自奥古斯都三世收藏的一些工艺精纯的钻石配饰——因为这些配饰的式样已经过时了——所以它们才被重新制成这枚胸针，它包括27粒夹克纽扣、12粒马甲纽扣，还有用于其他配饰的钻石。

　　这枚胸针被设计成飘逸的蝴蝶结模样，中间那颗大钻石来自于奥古斯都三世衬衫上的钻石配饰，在精心保存下它还是原来的模样。这些切割精美的钻石总重量大概有614克拉，这意味着大胸针连钻石带基座大概有一磅（556克）重——对于佩戴者而言，可不算得轻松。萨克森的卡洛拉王后（Queen Carola of Vasa）曾于19世纪七八十年代从绿穹珍宝馆里借了这枚胸针佩戴，以象征其作为皇室女主人的身份和地位。

XIII

走出绿穹珍宝馆，人很疲劳，有种老鼠跌进米缸里的感觉。我过去对巴洛克艺术本身就比较生疏，不要说巴洛克珠宝艺术了。坦率地说，无论中西，我对所谓的工艺美术品总是有些轻视的，总以为它们无法和艺术家创造的书画相比。

但花一天的时间在绿穹珍宝馆与新绿穹珍宝馆参观下来，改变了我的观念。这些以德国金匠为主的作品完全可以称为精妙绝伦的艺术品，它们中的精品完全可以与那些欧洲大家的油画相媲美，如丁灵格的《大莫卧儿的君主》，也不亚于《清明上河图》。

当然，我就像一个从未知晓中国书画的德国人，有一天偶遇《清明上河图》，会完全不知所措。

回到上海，我参阅德累斯顿的古董专家迪尔克·西恩德拉姆的几本著作中关于绿穹珍宝馆与新绿穹珍宝馆的内容，严格地说，是边学习边做"文抄公"。

最后插句话，我们一直在说要学习德国的工匠精神，不知工匠精神与德国的金匠精神有没有什么渊源？

229

230

231

232

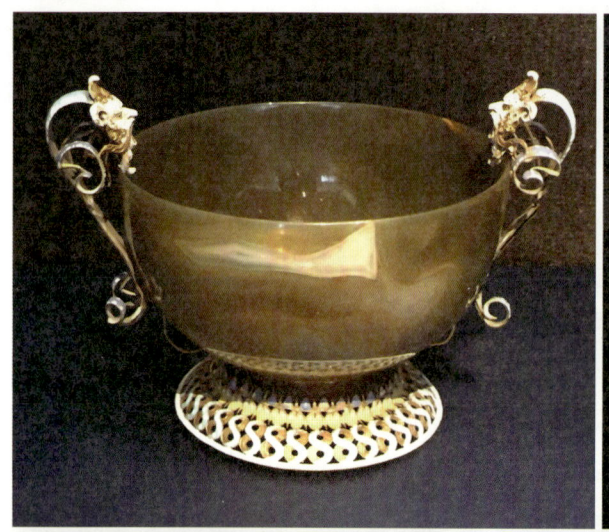

233

234

235

236

237

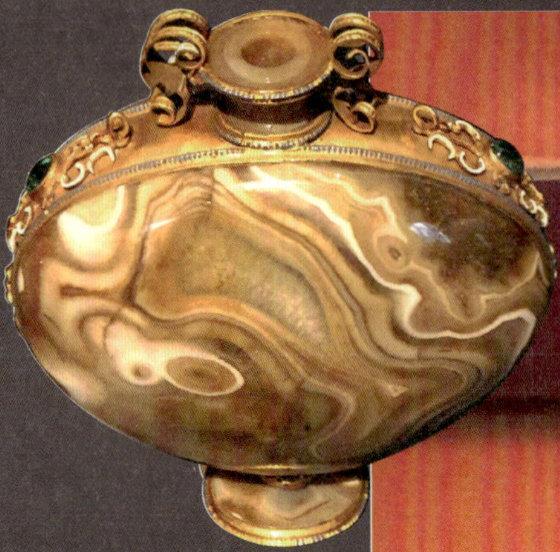

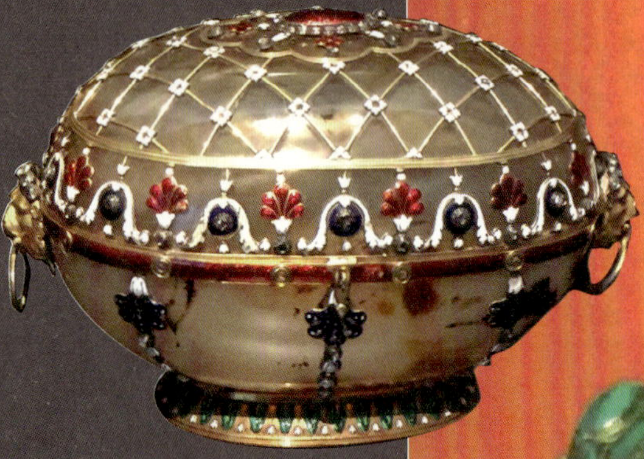

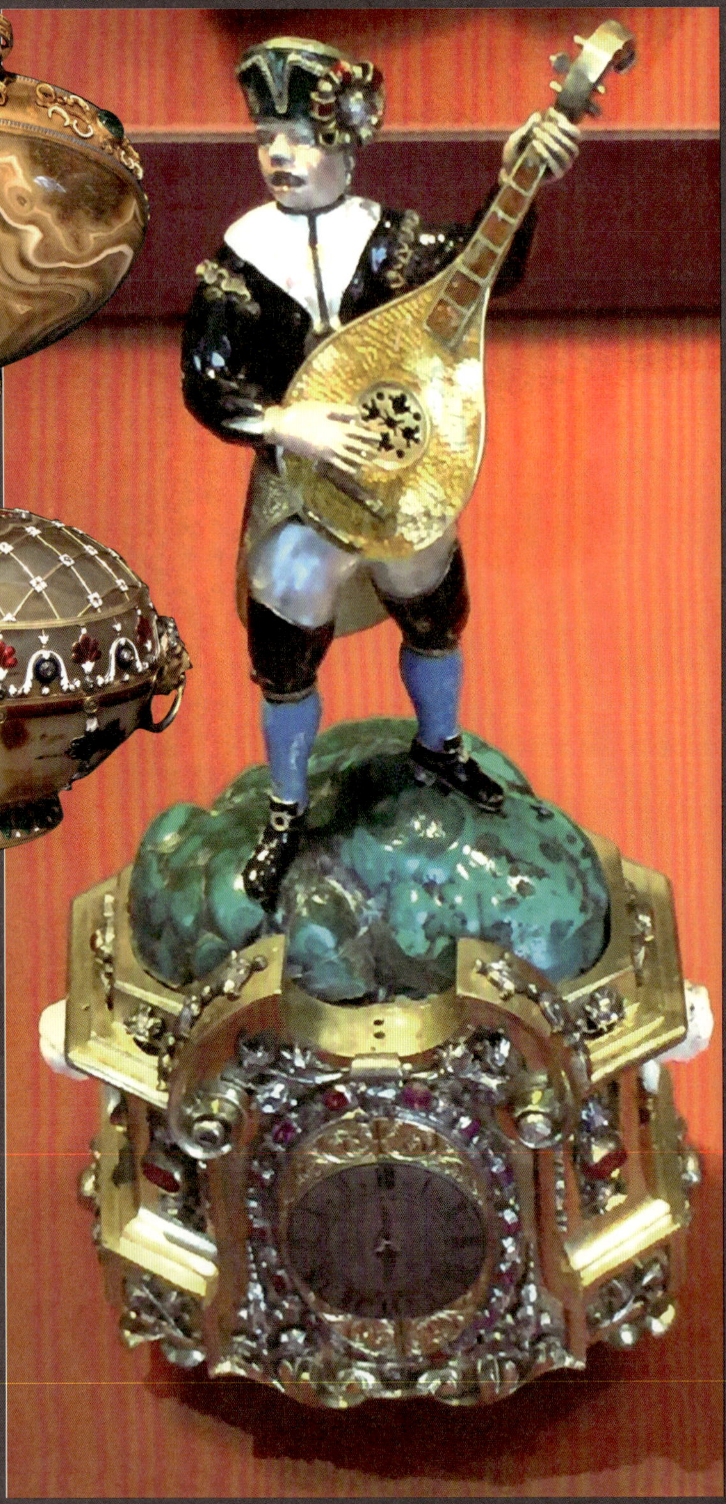

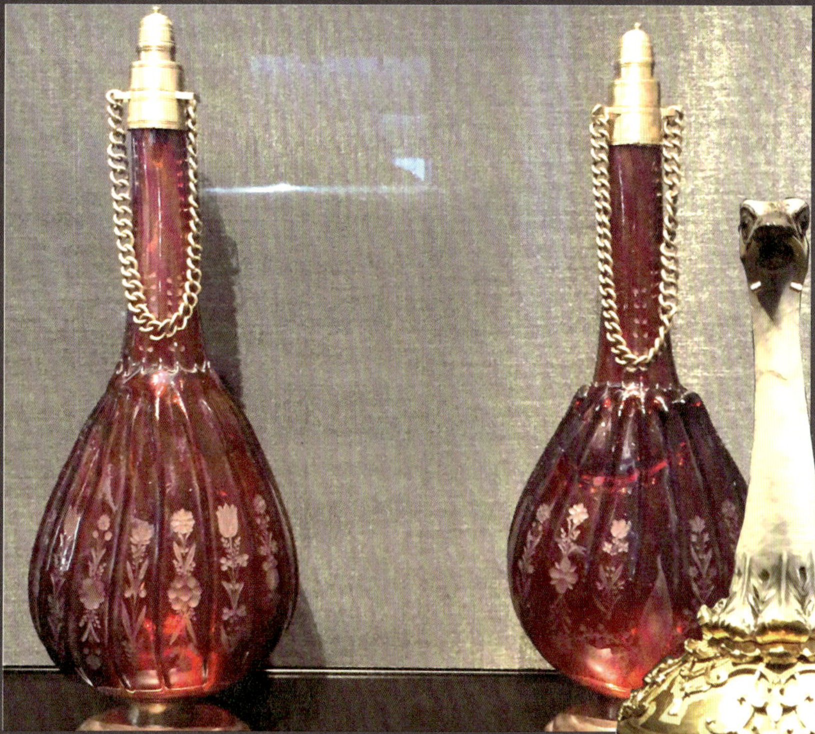
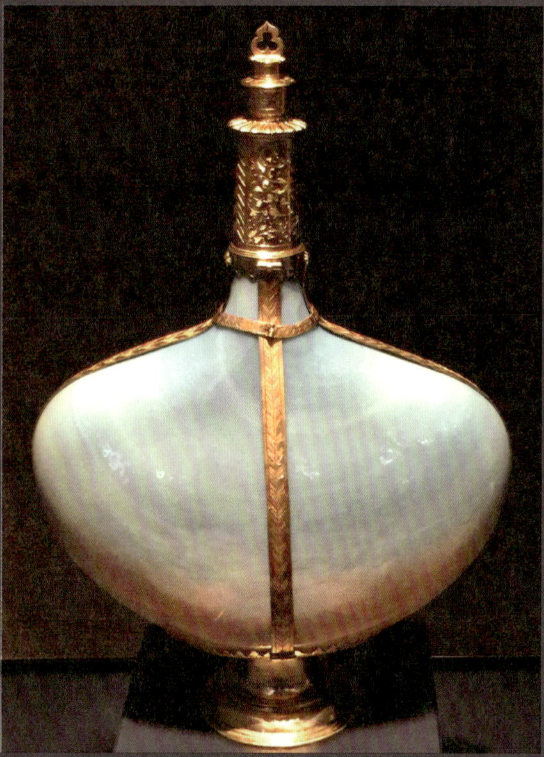
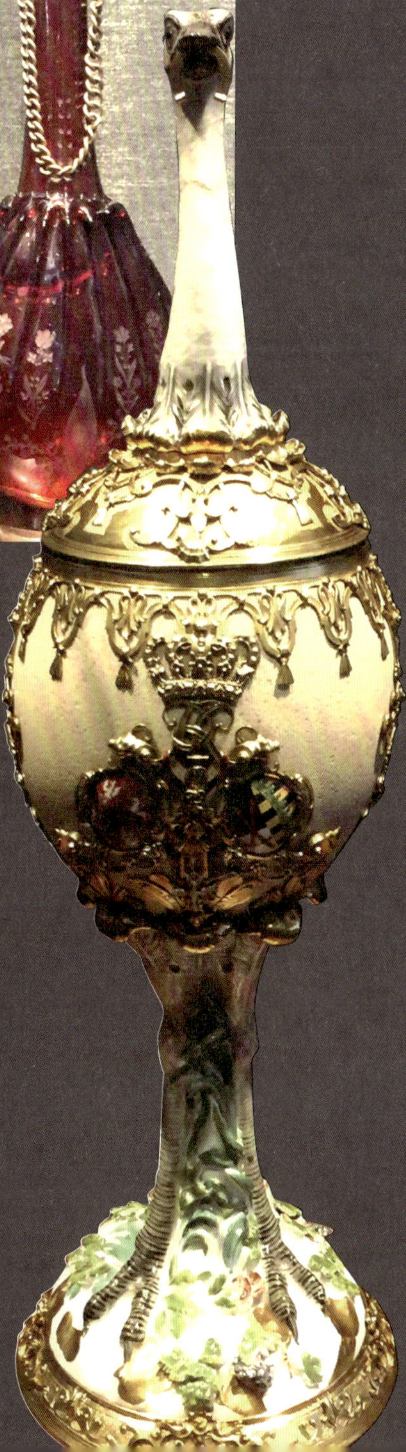

240

241

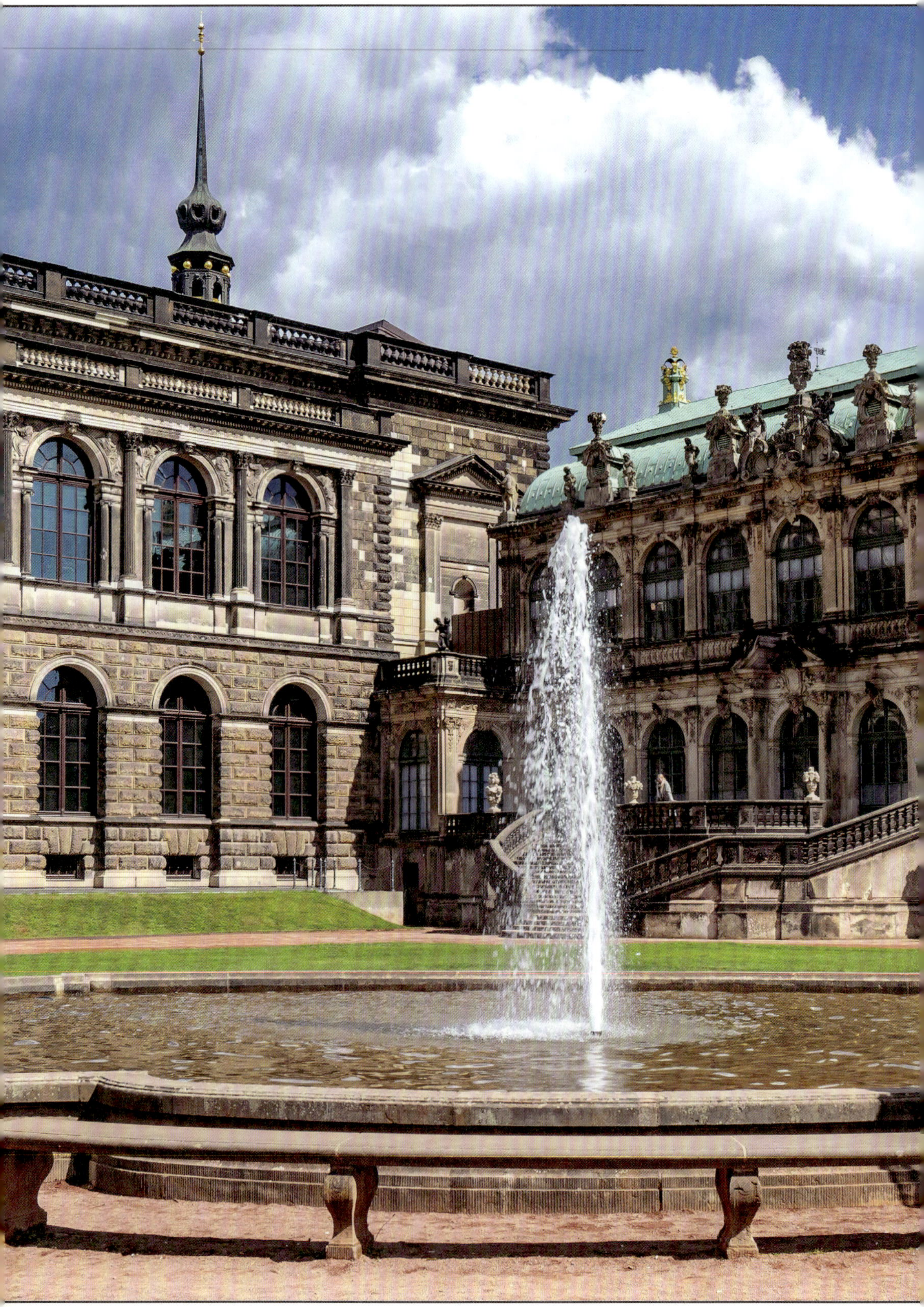

第八章

德累斯顿历代大师绘画馆（上）

历代大师绘画馆位于德累斯顿市茨温格宫，主要收藏15世纪到18世纪的作品，包括诸如拉斐尔的《西斯廷圣母》在内的具有代表性的意大利文艺复兴与巴洛克时期作品等，其中公开展出的藏品约有700多幅。

I

离开德累斯顿的前一天,我们来到茨温格宫(Zwinger),感觉它比图片上展示的要小,也老旧。我们主要看里面的历代大师绘画馆、陶瓷器收藏馆和数学物理沙龙。

茨温格宫是萨克森专制艺术的代表作,也是洛可可艺术典型建筑,它的名字沿用改造前的城堡名,是我们前面介绍过的宫廷总建筑师普伯曼和雕塑师佩莫泽尔的作品。1709年,为了迎接丹麦国王的来访,普伯曼设计了这个"罗马剧场",以后逐渐变成了一个举行宫廷节日庆典的场所,并储存了萨克森王室大量的收藏。此后,"强力王"奥古斯都二世要求将茨温格宫变成科学的宫殿,由皇家图书馆和艺术与自然科学画廊组成。

今天,茨温格宫仍留有舞台的特点,体现了巴洛克时代的精髓,因为当时的统治精英就是把世界看成舞台,生活则是一场戏。

II

德累斯顿的历代大师绘画馆(Gemäldegalerie Alte Meister)相较慕尼黑的老绘画馆而言,虽然不乏精品,但它的规模要小于老绘画馆。

历代大师绘画馆只有两层,它的镇馆之宝是拉斐尔的《西斯廷圣母》(*Sistine Madonna*)。1754年,"强力王"奥古斯都二世的儿子奥古斯都三世从皮亚琴察的圣西斯廷教会修道院买下这幅拉斐尔的祭坛画。

观者对《西斯廷圣母》的第一个疑问是:为什么作者把天空画在两块帷幕之下?据法国美术史家达尼埃尔·阿拉斯介绍:该圣母像最初是为某次庄严的教皇入殓仪式而定制的,这场葬礼在梵蒂冈的圣彼得大教堂的某个侧礼拜堂举行,当时画作安放在礼拜堂最深处,形成壁龛的效果。拉斐尔笔下的

《西斯廷圣母》,拉斐尔,1513—1514年,德累斯顿历代大师绘画馆藏

圣母从这个以绿色帷幕为界的壁龛中走出来,脚踏祥云向着教皇的棺椁走来。

这幅杰作本来应该为梵蒂冈所收藏,可是,罗马天主教礼拜仪式禁止在主祭坛上供奉曾经在葬礼期间展示过的画作。

如果让这幅画就此冷藏,教廷中人心有不甘,为了凸显《西斯廷圣母》的价值,教廷默许将它展陈在主祭坛上,但又不愿意闹得满城风雨,就把它送往偏远的外省城市皮亚琴察。

作品的底部有两个倚着一道木质横梁的小天使,他们的目光投向高处,朝着画面的"内部",如同见证了偶然发生的事件的两个旁观者。

我把《西斯廷圣母》发到微信朋友圈后,马上有人感叹:原来著名的两个小天使出自这幅画啊!

是的,《西斯廷圣母》来到德累斯顿后,尤其是那个托着下巴向上观看的小天使很快就从画作中独立出来,成为旨在大量传播的实用艺术的一个母题——他成为明信片上看守心形锁的小天使;作为爱情的证据出现在某张伤感的唱片的封面上;变成摇滚乐"治疗"的标志;旁观的天使形象被认为促进了棒棒糖或香烟、首饰或杯子的销售;在美国,他还参与"奶酪爱好者"公司的宣传活动,用来推销一种名为"梦想"且保证绝不添加防腐剂的奶酪。

III

凡·艾克的《德累斯顿三联画》(*Dresden Triptych*)的画框上饰有朱斯蒂尼亚尼家族(Giustiniani Family)的纹徽,该家族是意大利热那亚的一个拥有巨大商业影响力的家族,看来这幅作品很可能是该家族委托凡·艾克绘制的。左联中在大天使米迦勒前下跪的就是朱斯蒂尼亚尼家族中人,这种作画

《德累斯顿三联画》，
凡·艾克，1437年，
德累斯顿历代大师绘画馆藏

中联局部细节

方式在当时是很常见的。

意大利美术史家西蒙尼·法拉利在《天才艺术家：凡·艾克》一书中指出：作品面积不大，可能是画家为适应委托人个人祷告的需要而为礼拜堂专门创作的。画面中的米迦列正在将下跪祷告中的委托人引见给圣母，右侧的人物是经常出现在宗教画中的亚历山大的圣卡特琳娜，有作为殉道象征物的剑和带齿的车轮为证，人物形象刻画得十分细致入微，体现了意大利绘画的立体感。"对于作为背景的教堂的描绘，画家完全采用了现实主义的手法，彩色大理石撑起拱廊，再往上可见一尊尊雕塑，一根根细柱则撑起了绚丽的华盖。"

历代大师绘画馆还有一幅凡·艾克的《枢机主教尼科洛·阿尔贝尔加蒂像习作》（*Study for Cardinal Niccolò Albergati*）速写，让我们得以一窥画家技艺之奥妙。7年后，凡·艾克又基于该速写完成了对应的油画作品。相较于速写对阴影效果的注重，画家在油画中对线条进行了极为细致的描绘，似在美化红衣主教。凡·艾克是在没有模特的情况下，完全凭记忆绘下他的相貌，殊为不易。

《枢机主教尼科洛·阿尔贝尔加蒂像习作》，
凡·艾克，约1431年，
德累斯顿历代大师绘画馆藏

《枢机主教尼科洛·阿尔贝尔加蒂像》,凡·艾克,1438 年,维也纳艺术史博物馆藏

Ⅳ

丢勒的《伯恩哈特·冯·里森像》(*Portrait of Bernhart von Reesen*)的主人公是出生于德国但泽的商人,在这幅画完成的当年商人死于鼠疫。研究丢勒的德国学者艾希勒在《丢勒》一书中认为,主人公被放置在一个狭窄的画面中,是四分之三的侧面像,"他时髦、深色的服装和闪亮的红色背景形成了有力的对比,他的影子落在背景上,好似一面墙。这幅作品受尼德兰肖像画艺术的影响,通过画面中男子的手部就能看出来","他突出的颧骨下的左脸在阴影中,因而强化了主体的性格特点"。

《伯恩哈特·冯·里森像》，丢勒，1521年，德累斯顿历代大师绘画馆藏

《萨克森公爵亨利四世与（妻子）梅克伦堡的凯瑟琳像》，
克拉纳赫，1514年，德累斯顿历代大师绘画馆藏

老卢卡斯·克拉纳赫（Lucas Cranach the Elder，1472—1553年）在双联画《萨克森公爵亨利四世与（妻子）梅克伦堡的凯瑟琳像》（*Portraits of Henry IV of Saxony and Catherine of Mecklenburg*）中除了将其卓越的肖像绘画才能显露无疑外，还展示了画家在装饰与版式设计上的才能——画中人物头上的康乃馨花环与身上带有信仰标志的珠宝配饰突出了他们的身份特征：来自韦廷王朝阿尔布雷希特家族的"虔诚者"（编者注：亨利四世的绰号）与他1512年迎娶的梅克伦堡凯瑟琳公主。作为祭坛画的肖像画作品之前已经出现过，如丢勒1502年绘制的《鲍姆加登祭坛画》（*Paumgartner Altarpiece*），但像这样纯粹的人物画像，克拉纳赫还是第一次创作。

V

回过头来再看看意大利人的作品。

平图里基奥（Pinturicchio，1454—1513 年），年轻时在佩鲁贾学习，1481 年到 1483 年间，他在罗马与拉斐尔的老师佩鲁吉诺一同创作。根据作品中小男孩身后的风景，《历代大师绘画馆》的作者马克斯认定《男孩肖像》（*Portrait of a Boy*）是他与佩鲁吉诺共事期间的作品，朴素的构图、看似单调的半身像很容易让人想起 15 世纪中期佛罗伦萨画派的雕像。细细观察，我们会发现朴素的画面背后蕴藏着深刻的思想与情感，背景是空气清新的早晨和奇形怪状的岩石。这幅画的作者未必是平图里基奥，但不管作者是谁，它都是一幅高质量的作品。

《男孩肖像》，
平图里基奥 & 佩鲁吉诺，
1481—1483 年，
德累斯顿历代大师绘画馆藏

VI

1500年，波提切利受人委托，为他儿子和媳妇的婚房绘制了叙事性系列画作《圣齐诺比厄斯生活图》（*Scenes from the Life of Saint Zenobius*）（编者注：该系列画目前存世的只有四幅，德累斯顿历代大师绘画馆收藏了其中一幅）。在15世纪的佛罗伦萨，叙事性绘画流行了很长一段时间，在这种绘画中，人物按照时间顺序在一块画板上多次出现。这样的画通常叫作"卡索内画"，即在木箱上作的画（"卡索内"的意思是装婚嫁用品的木箱），但是贵族家里的墙壁上也会画这种画。后来，它们被称作"斯帕拉画"（"斯帕拉"的意思是"肩膀"），因为这些画挂的高度通常和眼睛或肩膀的高度差不多。

根据哈拉尔德·马克斯的介绍，圣齐诺比厄斯是5世纪佛罗伦萨的主教。这幅画以文艺复兴时期色彩明丽的建筑为背景，从左到右依次描绘了四个令人印象深刻的生活场景：首先是一个被轧在马车轮子下身亡的孩子与旁边惊恐的众人；接着是悲痛欲绝的母亲把孩子交到欧亨尼奥执事的手中；然后是欧亨尼奥执事把受到圣齐诺比厄斯主教祈祷而痊愈的孩子重新交到母亲的手里；最后我们看到，圣齐诺比厄斯大主教躺在病榻上，身边围着两个主教和几个神父，他们在接受大主教临终前的祝福。

VII

《圣家族》（*The Holy Family*）是文艺复兴时期的意大利北方画派创始人安德烈·曼特尼亚（Andrea Mantegna，1431—1506年）较为晚期的作品，体现了他常见的雕塑般的画风，类似内容的宗教画也被称为"神圣的谈话"。除了圣母玛利亚，画中的两个成人是施洗约翰的父母撒迦利亚与以利沙伯，

254

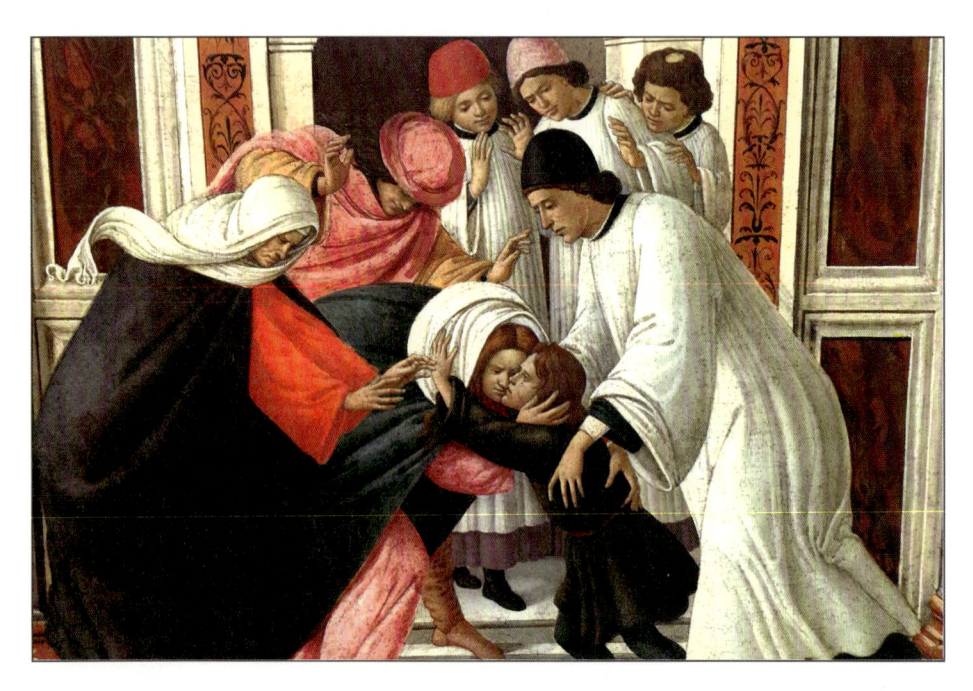

《圣齐诺比厄斯生活图》，波提切利，1500—1505年，德累斯顿历代大师绘画馆藏

《圣家族》，曼特尼亚，约 1490 年，德累斯顿历代大师绘画馆藏

底下的那个小孩应该是施洗约翰。但是也有人认为他们是玛利亚的父母约阿希姆和安妮。整幅画带给人的感觉是平静又充满温情，这组人物就像画布上的浮雕那样有序地站在一起，表情严肃的撒迦利亚和以利沙伯高度一致，充满爱意的母亲和她怀中抱的孩子高度一致。撒迦利亚的头部可能以古罗马肖像画中的人物为原型，而圣母玛利亚和手中的孩子更多地受到文艺复兴早期佛罗伦萨画派浮雕的影响。

VIII

对于《圣塞巴斯蒂安》(*St. Sebastian*),马克斯评论:"该作品描绘的视角很低,建筑的轮廓消失在远处。殉难者的形象焕然一新,他似乎感受不到疼痛,身后的建筑和他高大的形象比起来显得很渺小,好像他想要迅速逃离牢笼,他优美的身形让人想起了某个希腊男孩的雕像。"[①]

作者安托内洛(Antonello,1430—1479 年)生于西西里岛的墨西拿,在那不勒斯学习绘画时,深受荷兰画风影响,荷兰画派的贡献是对大事件的写实描述和高超的绘画技巧(油画而非蛋彩画);安托内洛将荷兰画派与威尼斯画派结合起来,他起初在墨西拿工作,后来又搬到了威尼斯,正是在那里完成了《圣塞巴斯蒂安》。通过画面的背景,马克斯认为曼特尼亚和意大利文艺复兴早期大家皮耶罗·弗朗切斯卡(Piero della Francesca,1415—1492 年)对安托内洛影响很大。

利箭穿身的圣塞巴斯蒂安传说是瘟疫的克星,而古代瘟疫频频暴发,因此以这位圣徒为主题的画作非常多,甚至到了泛滥的地步。

IX

我这次来历代大师绘画馆是准备看几幅名画的,其中一幅是意大利帕尔马绘画大师科雷乔的《圣诞之夜》(*Nativity*)。很多年前读贡布里奇的《艺术的故事》,就对它很神往。

画面中,天使们正在空中唱着"光荣归于至高的上帝",身材高大的牧人正好瞥见了这一天国幻象。我们看到,天使们快活地在云中玩耍,看着下

[①] Harald Marx(2006),*Picture-Gallery: Old Masters: Masterpieces of Dresden*, Leipzig: E.A. Seemann, P.18.

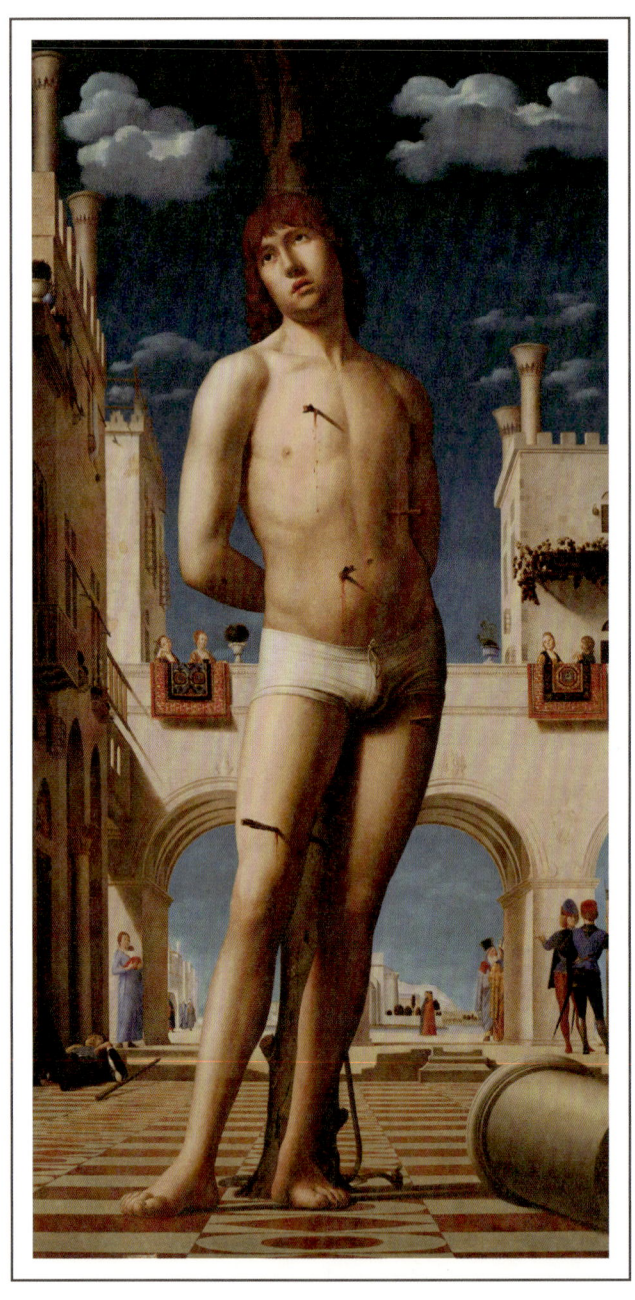

《圣塞巴斯蒂安》，安托内洛，约 1477—1479 年，德累斯顿历代大师绘画馆藏

方那位手执长棍的牧人疾步而来。在那黑暗的牲口房的草垛上，牧人看到了奇迹——新生圣婴的光芒照亮了母亲幸福而美丽的面容。牧人收住脚步，摸着他的帽子，准备跪下礼拜。两个使女，一个使女用手遮挡着圣婴的耀眼光芒，另一个高兴地看着牧人。圣约翰在外面的黑暗中正忙着照管牲畜。

乍一看，这个布局显得十分笨拙、十分随意，左边场面很拥挤，右边没有相对应的部分加以平衡，仅仅用光来突出圣母和圣婴以取得画面的平衡。在这方面，科雷乔甚至比提香更多地通过色彩和光线来平衡和引导观者视线，我们也跟着牧人一起冲向这个场面，而且被引导着看见了他所看见的景象——《约翰福音》中所说的在黑暗之中放射光芒的奇迹。

《圣诞之夜》，
科雷乔，约1530年，
德累斯顿历代大师绘画馆藏

X

在历代大师绘画馆内，我意外地看到了科雷乔大师的另一幅作品——《圣母子和圣乔治》（*Madonna and Child with Saint George*），委托科雷乔创作这幅作品的是位于摩德纳市的圣伯多禄致命堂下的宗教团体。科雷乔去过罗马，更多的时间他还是独自在帕尔马工作和生活，而摩德纳就在旁边。

马克斯评论指出：这幅祭坛画对圣母形象使用了透视缩短法，画中鲜明亮丽的色彩与他早期或后期的作品不同。画面左侧的老者是圣吉米尼亚诺主教，他是摩德纳的主保圣人，手里拿着的正是摩德纳的城市模型。站在他面前手指着圣婴耶稣的年轻男子是施洗约翰。画面右侧那位脚踩着龙头的男子是圣乔治，他身旁的殉道者是维罗纳的圣彼得，是圣多明我的学生。

我边读科雷乔的画，边想起了温迪嬷嬷对他画风的评价——"肉感的甜美"，很准确。

帕尔米贾尼诺是继科雷乔之后帕尔马画派的另一位大师，他的绘画风格注重线条的流畅和色彩的温婉细腻，也以拉斐尔和佛罗伦萨画派为基础。1527年到1531年间，帕尔米贾尼诺居住在博洛尼亚，创作了《玫瑰圣母》（*Madonna of the Rose*）。马克斯认为这幅画中圣母和她腿上的孩子看起来就像是维纳斯和丘比特，被孩子的手摸着的圆球甚至和丘比特很相配，因为爱神丘比特掌管着世人的爱情。

《玫瑰圣母》也体现出帕尔米贾尼诺的风格主义（矫饰主义）特征。根据《帕米贾尼诺：矫饰主义绘画奇葩》的说法，"从构图中，可以看出帕尔米贾尼诺非常专注于营造人物优雅的姿势，圣婴的身体比例被夸张地放大，并且装模作样地摆出有如淑女般的优美卧姿；圣母的双手也被刻意放大，以展

《圣母子和圣乔治》,科雷乔,约 1530 年,德累斯顿历代大师绘画馆藏

《玫瑰圣母》，帕尔米贾尼诺，1529—1530 年，德累斯顿历代大师绘画馆藏

现优雅的手势和纤细的手指。"

帕尔米贾尼诺原本想将这幅画献给教皇克肋蒙七世，可能是画中圣婴的姿势矫揉造作，而且举止和神态相当诡异，易引发观者对异教爱神丘比特的联想，被教皇拒绝了。尽管如此，这幅画仍然很受欢迎，据说在画家去世前就已经有 50 多件复制品了。

XI

威尼斯画派早逝的天才乔尔乔内（Giorgione，1477—1510 年）的《沉睡的维纳斯》（*Sleeping Venus*）屡次被研究者提及，因为人们在研究他和比他小 10 岁的提香究竟为这幅画贡献了什么。他们都是乔凡尼·贝利尼的学生，亲如兄弟。而维纳斯斜躺着的姿势也即将成为提香笔下维纳斯的显著特点。1931 年，通过 X 光扫描，研究者证实了《沉睡的维纳斯》画面的左侧曾经绘有丘比特的形象。这让人想起了一种说法，即画中的裸女是乔尔乔内画的，风景与丘比特则出自提香之手。

《沉睡的维纳斯》，乔尔乔内，1510 年，德累斯顿历代大师绘画馆藏

人们对提香的《白衣少女像》（Portrait of a Lady in White）的主人公身份众说纷纭，有一种说法认为那是他17岁的女儿拉维尼亚（Lavinia），提香的夫人去世后，他幸得这位爱女的照顾。这幅画令人愉悦且精致细腻，《提香：他的辉煌和威尼斯时代》的作者瑞格斯描述道："画中的少女一袭白衣，面露羞容，手中摇着扇子正欲离开，脸上露出少许惊愕之状，似乎意识到有人正在注视着她。大师既喜爱自己的女儿，也以自己的女儿为荣，他在一生中的不同时期曾为其画过极多的作品，大师作品中的许多女性都有拉维尼亚的影子。"

提香的《纳税银》（The Tribute Money）又名《基督与法利赛人》，题材取自《圣经》，自以为义的法利赛人拦住耶稣说，纳税给恺撒（罗马皇帝）行不行？耶稣说出了那句著名的话：恺撒的归恺撒，上帝的归上帝。费拉拉公爵将这句话印刻在发行的钱币上，并邀请提香创作了这幅画。

据说，《纳税银》受到了乔托的《犹大之吻》（Kiss of Judas）的启发。确实，法利赛人和耶稣贴得很近，看似极为亲切，可来者不善。

当时犹太人民非常厌恶罗马统治者，如果耶稣拒绝向恺撒纳税，会受到人们的欢迎，可耶稣不是来解放犹太人脱离罗马统治者的，他说这话只会让犹太人与罗马人都对他产生误会。可耶稣如果说要向罗马人纳税，也会让人民不满，不利于耶稣传道。耶稣说出了上面那句经典的话，回击了伪善的法利赛人。

我刚开始看这幅画时，第一直觉是那个法利赛人就是犹大，再读标题，觉得提香对人物性格的刻画还是很成功的。

XII

安尼巴列·卡拉奇（Annibale Carracci，1560—1609年）出生于博洛尼亚，受到科雷乔和威尼斯画派影响的他于17世纪初在罗马创立了自拉斐尔时代以

《白衣少女像》，提香，1561年，德累斯顿历代大师绘画馆藏

《纳税银》,提香,1516年,德累斯顿历代大师绘画馆藏

来最大的工作室，培养了许多年轻的艺术家。他的《圣母子与圣徒》(*Madonna and Child with Saints*)与传统类似题材（圣母玛利亚和圣婴坐在图中间升起的座位上，圣徒们站在两边）的视角不同，这种人物的非对称布局1526年首次出现在提香作品中，画中丰富的色彩运用明显是受到威尼斯绘画风格的影响。1588年，卡拉奇搬到了威尼斯，在那里，他被威尼斯画派大师保罗·委罗内塞（Paolo Veronese, 1528—1588年）的作品深深地吸引，也正是在这一年，他完成了这幅作品，画中的一些图案和传道者马太前面的天使形象显然是受到了科雷乔的影响。

与提香、委罗内塞并列为威尼斯画派大家的丁托列托（Tintoretto, 1518—1594年）的《大天使米迦勒对抗撒旦》(*Battle of the Archangel Michael and the Satan*)是他比较晚期的一幅作品。

《启示录》（12：7-9）中写道："在天上就有了争战。米迦勒同他的使者与龙争战，龙也同它的使者去争战，并没有得胜，天上再没有它们的地方。大龙就是那古蛇，名叫魔鬼，又叫撒旦，是迷惑普天下的。它被摔在地上，它的使者也一同被摔下去。"

马克斯介绍，丁托列托晚年对末世主题特别感兴趣，观赏者能够感受到画面所表现出的惊慌感，也可以了解画家为了增强宗教场景的紧张感，通过艺术手法来表现对灾难的预见、恐惧与想象。这些人物在空中推挤、俯冲，但都无法站立，甚至没有一个立足的地方，他们的动作在画面中呈对角形，右上角处，圣父展开双臂庇佑众天使，圣光从他周围射出，保护战斗中的大天使米迦勒及其同伴。左上角处是圣母和圣子，他们乘着一轮新月飘在空中。丁托列托的绘画与"启示录"的内容相符，但他将我们引向了自己的艺术世界中，即画中展现的善与恶的胜负之争。

《圣母子与圣徒》,卡拉奇,1588年,德累斯顿历代大师绘画馆藏

《大天使米迦勒对抗撒旦》，丁托列托，1590 年，德累斯顿历代大师绘画馆藏

XIII

接着我们再来欣赏一些西班牙画家的作品。

我在《飞越柏林慕尼黑》中已经提过，伟大的西班牙画家格列柯生于希腊（克里特岛），那时的克里特岛还归威尼斯管辖，这位年轻的画家是后来才去的威尼斯。1570 年以后，他先住在罗马，后来搬到了当时是西班牙精神圣地的托莱多。格列柯早期的威尼斯风格作品很少，马克斯介绍，德累斯顿历代大师绘画馆的《耶稣救治盲人》（Healing of the Man Born Blind）的真实性是依据现存的两幅近似的作品得以确认的，它们分别收藏于意大利帕尔马国立美术馆和纽约大都会博物馆，其主题一致，但尺寸比这幅画略大一些，而且是在画布上创作的（《耶稣救治盲人》是木板油画）。在色彩的运用上，它们更明亮，但也较杂乱。

《耶稣救治盲人》，格列柯，约 1567 年，德累斯顿历代大师绘画馆藏

确实，这幅画与格列柯惯常的风格有差异，更像是一位威尼斯派画家的作品。

《耶稣救治盲人》的故事可以参见《马太福音》（9：27-30）：

耶稣从那里往前走，有两个瞎子跟着他，喊叫说："大卫的子孙，可怜我们吧！"

耶稣进了房子，瞎子就来到他跟前。耶稣说："你们信我能做这事吗？"

他们说："主啊，我们信！"

耶稣就摸他们的眼睛，说："照着你们的信给你们成全了吧！"他们的眼睛就开了。

XIV

另一位伟大的西班牙画家迭戈·委拉斯凯兹（Diego Velázquez，1599—1660年）的《男子肖像》（*Don Juan Mateos*）中主人公可能是皇家高级猎人胡安·马特奥斯（Juan Mateos）。委拉斯凯兹在图案的设计和技法上都以意大利天才画家卡拉瓦乔的风格为基础，最终创造了自己清晰明朗、内敛矜持的风格。《男子肖像》创作于1632年前后，从人物手部的线条可以看出这幅画尚未完成。这幅作品摒弃了绚丽的色彩，整幅画的构图完全基于明暗对比的背景，在单一的色调中人物却十分生动，极具吸引力。

意大利人称胡塞佩·里贝拉（Jusepe de Ribera，1591—1652年）为"小西班牙人"（Lo Spagnoletto），据说他年轻时来到意大利跟随画家弗朗切斯科·里瓦尔塔（Francesco Ribalta，1565—1628年）学习，1616年定居那不勒斯。马克斯指出，卡拉瓦乔的明暗法被里贝拉发展成自己独特的风格。在

《男子肖像》，委拉斯凯兹，约 1632 年，德累斯顿历代大师绘画馆藏

里贝拉中后期的绘画生涯中，他的作品色彩较前期的更丰富，但色调都比较清淡，他40岁时绘制的一组极富光影效果的作品就包括德累斯顿的《狱中的圣埃格尼丝》（*St. Agnes in Prison*）。传说虔诚信奉基督教的埃格尼丝遭受迫害，被剥去外衣，全身赤裸，她用头发遮蔽身体，直到天使降下圣衣遮裹其赤裸的身体。在这幅画中，里贝拉没有呈现他钟爱的下层人物的粗犷形象与"恐怖"场景，画家表现的是单纯的女性之美，这可能是他创作的一组塞维利亚画派风格作品中的一幅。

《狱中的圣埃格尼丝》,里贝拉,1641年,德累斯顿历代大师绘画馆藏

《圣母子》,穆里罗,1670/1680 年,德累斯顿历代大师绘画馆藏

是的，我当时就被《狱中的圣埃格尼丝》的圣洁给吸引住了。我不了解里贝拉的画风，更不清楚画中人物的身份，可我判断它应该是西班牙人的作品且画中应该是一个宗教人物（有可能是信徒）。

我曾在西班牙的塞维利亚美术馆看到大量类似的宗教作品，像这幅巴托洛梅·埃斯特班·穆里罗（Bartolomé Esteban Murillo，1607—1682年）的《圣母子》（*Madonna and Child*）也是我熟悉的，画家是塞维利亚画派的领军人物，也是西班牙巴洛克时期最杰出的画家之一，他创作了许多受欢迎的简单却独具魅力的宗教画，他绘制的天真而细腻的圣母像体现了其良好的色彩掌控能力，这使得他在17世纪闻名整个西班牙。有人认为这幅《圣母子》是穆里罗画的最好的一幅圣母像。超凡脱俗的圣母降临人间，但又不像天真无邪的安达卢西亚乡村女孩那么纯朴，据说，这幅画的圣母玛利亚的原型是玛利亚·莱格尼斯，所以它也被称作"莱格尼斯圣母像"。

XV

我在威尼斯看过不少18世纪风景画大家卡纳莱托（Canaletto，1697—1768年）的作品，也很喜欢威尼斯，所以在德累斯顿看到他的《大运河：从近处的斯皮内利角宫向东北眺望里亚托桥》（*Grand Canal: Looking Northeast from near the Palazzo Corner Spinelli to the Rialto Bridge*）时感到格外亲切。

可是，我很疑惑历代大师绘画馆怎么会有那么多"卡纳莱托"的作品，多得有些奇怪，但很快明白了，那是他的外甥贝尔纳多·贝洛托（Bernardo Bellotto，1721—1780年，也被叫作卡纳莱托）所为。

贝洛托在舅舅的画室学艺后，由于不喜欢日新月异的消费市场需求，他极力谋求宫廷画师的职位。当时只有俄国与几个东欧国家还保留着这样的职位，其他欧洲地区的社会与商业迅猛发展，这种职业已经不受欢迎了。

贝洛托在德累斯顿被任命为宫廷风景画家，为奥古斯都三世和首相海因里希·布吕尔工作。他的主要赞助人去世后，贝洛托不得不离开德累斯顿。布吕尔伯爵的继承人没有支付贝洛托绘制21幅风景画总计4200塔勒的费用。这可是一笔不小的数字，德累斯顿最高宫廷建筑师的年薪也只有1200塔勒，宫廷雕塑师只有200塔勒。

贝洛托通过法律手段索赔，最终败诉。

他后来去了波兰，在华沙的宫廷度过了余生。

保罗·约翰逊在《艺术的历史》中评论贝洛托："虽然他作画的类型和他舅舅的同属景观范畴，但风格却不同。他画天空纯粹是因为喜欢天空，包括阴郁的天空。他喜欢画污垢、硬金属和天气所造成的让万物皆臣服的大自然衰败景象，他笔下的威尼斯较卡纳莱托笔下的威尼斯更为昏暗肮脏，画面中刮着更大的风，但艺术品质未必逊色。"

"如果画上署上他母亲的姓有助于卖出该画，那么贝洛托很乐意这么做。"

有这么个贝洛托，以后看到"卡纳莱托"的作品，得小心了。

从贝洛托1748年创作的这幅《奥古斯都桥下易北河右岸的德累斯顿》（*Dresden from the Right Bank of the Elbe below the Augustus Bridge*）中，我们可以看到小镇的整体轮廓，还有著名的德累斯顿埃尔布鲁克宫（1906年被一座新建筑取代）。画面中央是圣母教堂的圆顶，圣母教堂是在几年前刚完成的。画面右边的天主教宫廷教堂很吸引眼球，它的尖顶在这幅画完成时还在施工。

《奥古斯都桥下易北河右岸的德累斯顿》展现了贝洛托非凡的创造力和追求完美的专业精神，我们惊讶他是如何以简单的方法创造出最佳的效果，比如水面上反射的建筑倒影。

《大运河:从近处的斯皮内利角宫向东北眺望里亚托桥》,卡纳莱托,1725年,德累斯顿历代大师绘画馆藏

《奥古斯都桥下易北河右岸的德累斯顿》,贝洛托,1748年,德累斯顿历代大师绘画馆藏

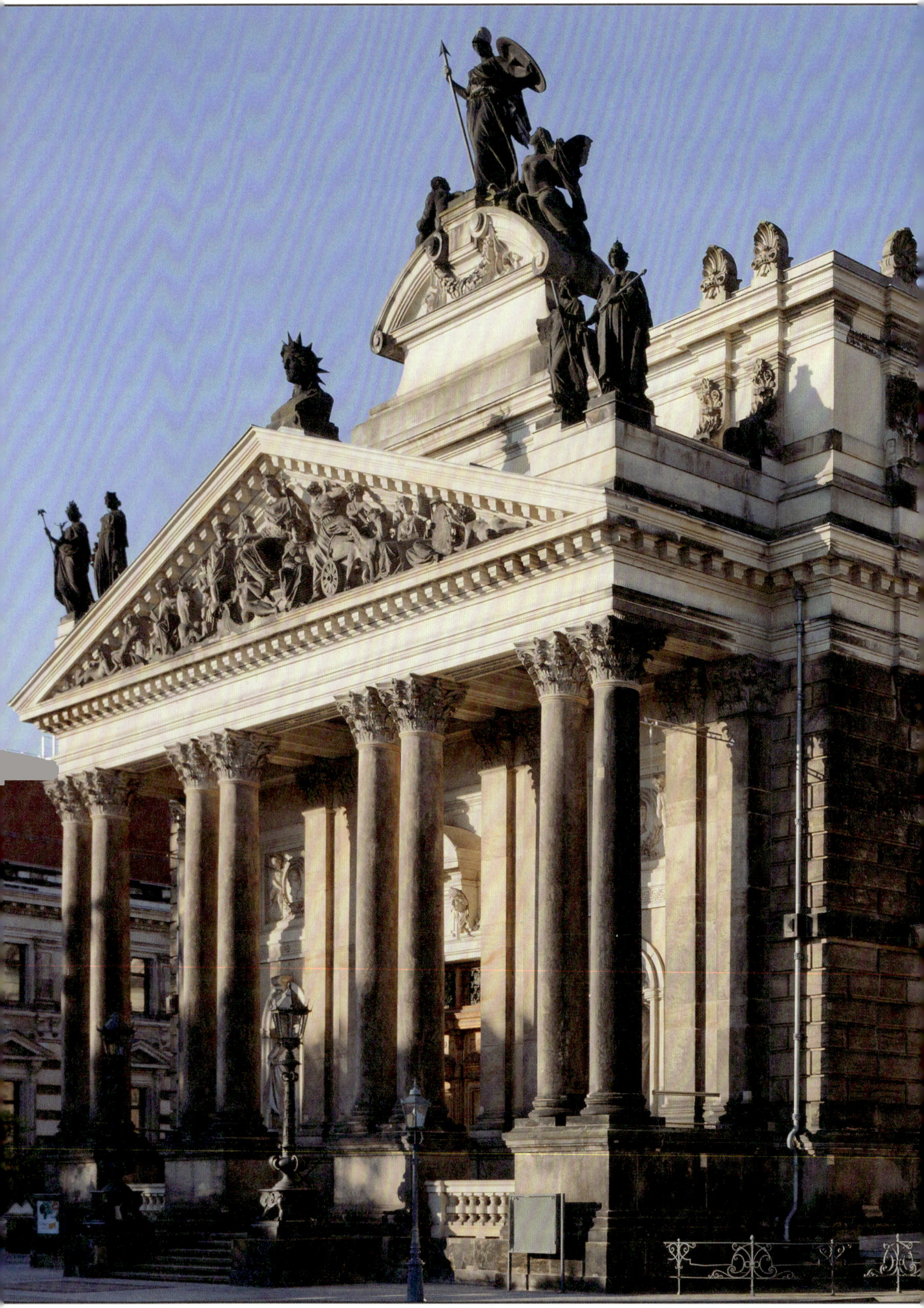

第九章

德累斯顿历代大师绘画馆（下）
阿尔伯特姆博物馆

阿尔伯特姆博物馆位于德累斯顿市，它的名字源于19世纪来自韦廷王朝的萨克森国王阿尔伯特。该博物馆主要分为现代大师画廊与雕塑博物馆。其中的现代大师画廊是从历代大师绘画馆中分离出来的，原因是历代大师画廊的规模已无法容纳19至20世纪的作品。

I

《奥泽尔斯卡女伯爵安娜·卡罗琳娜像》（Anna Karolina, Countess Orzelska）的主人公有种奇特的迷人气质。她是"强力王"奥古斯都二世和一个名叫亨丽埃特·雷纳德（Henriette Rénard）的法国女人所生，雷纳德是国王在波兰时遇见的。

这幅画是彩色粉笔画，即用铅笔绘制的图画。彩色粉笔肖像画在18世纪

《奥泽尔斯卡女伯爵安娜·卡罗琳娜像》，卡列拉，
德累斯顿历代大师绘画馆藏

特别流行，这个领域的先驱是威尼斯女画家罗萨尔巴·卡列拉（Rosalba Carriera，1673—1757年），因为她的作品中充满了洛可可风格的优雅图案——如呼吸一样轻快的、令人愉悦的色彩的绽放。

瑞士画家让·艾蒂安·利奥塔德（Jean-Étienne Liotard，1702—1789年）出生于日内瓦，1744年前后在维也纳居住。有一次他被一位包着粉红蕾丝头巾、穿着端庄蓬裙的美丽女孩所吸引，当时她神情专注地端着一杯热巧克力和一杯清水，利奥塔德于是画下了这幅《端着热巧克力的女孩》（The Chocolate Girl）。学识广博的威尼斯哲学家与诗人阿尔加罗蒂（Algarotti）于1745年为德累斯顿绘画馆买下这幅作品，他在1751年写给巴黎朋友的信中说："我买了一幅著名画家利奥塔德的彩色粉笔画，大概有三英尺那么高，画的是一位年轻女仆。画面上几乎没有阴影，而且还有浅色的背景……它是一幅带有淡淡人影的半色调绘画，是一幅完美的画作……尽管这是欧洲画家的作品，但根据画的风格，它很像那些宣称是'影子的敌人'的中国画家的作品。但这幅画的整体效果又像是一幅用彩色粉笔画的荷尔拜因的作品。"

罗尔夫·托曼在《巴洛克艺术》中出人意料地高度评价了这幅"美人图"《端着热巧克力的女孩》：

以一种几乎任何一幅18世纪绘画都很难达到的方式抓住了观众。它差不多是以一种'窥淫癖'般的目光瞥见了几乎一动不动地站在灰白背景前的人物：我们注意到她优雅的体型、挺拔的立姿、匀称的容貌以及没有丝毫卖弄的表情。她手中的托盘上放着精致的东亚风格的杯子，里面盛着热巧克力。瓷器的精美与画面风格十分贴合：画中的人物有着明亮的色彩，微微闪烁着光芒，简直是一件瓷质的人像。

《端着热巧克力的女孩》，利奥塔德，1743—1744年，德累斯顿历代大师绘画馆藏

II

17世纪的法国古典主义大师尼古拉斯·普桑的作品我总是喜欢不起来，也许画面过于冷静。历代大师绘画馆的《花神王国》（*The Empire of Flora*），我倒蛮感兴趣。

马克斯介绍，画面描绘的是花神弗洛拉在她的花园里翩翩起舞，根据古罗马诗人奥维德的说法，花神周围的人物都是死后化身为鲜花的人。

围着花神的一圈人分别是：位于左后方的被太阳神赫利俄斯拒绝的克丽缇（Clytie），她的眼睛始终盯着天上的太阳神马车，最后变成一株向日葵；她的前面是自恋的纳喀索斯（Narcissus），他跪在面前盛满水的水瓮旁；纳喀索斯爱上了自己在水中的影子，最后变成了绽放在水瓮中的水仙花；位于

《花神王国》，普桑，1631年，德累斯顿历代大师绘画馆藏

画面右侧前景部分的是趴在地上的林中仙女斯密莱克斯（Smilax）与凡人男子克洛库斯（Crocus），因为他们之间的恋人关系，诸神将他们都变成了植物：这可以从克洛库斯左手上的番红花和他左脚旁的穗菝葜上看出来（编者注："Smilax"正是菝葜之意）；在他们的身后是维纳斯的情人阿多尼斯（Adonis），他在和野猪争斗时伤了臀部，流血处长出了一朵小银莲花（还有一种说法，他被野猪咬死，血流遍地，长出番红花）。

花神的左手边站着阿波罗的好朋友雅辛托斯（Hyacinthus），看起来就像一尊希腊雕像，他被阿波罗扔出的铁饼意外地砸死了。我们可以看到他的伤口处长出了风信子的花朵（编者注："Hyacinthus"正是风信子之意）。

特洛伊战争英雄埃阿斯（Ajax）位于画面左侧边缘，他为了好友阿喀琉斯与奥德修斯争执，最后用剑杀死了自己，他的宝剑旁边开出了一朵石竹花。在埃阿斯的后面，缠着花彩装饰的树前立着生殖之神普里阿普斯（Priapus）的雕像，这是一个充满新鲜感和强大生命力的地方，在这里，逝去的生命会获得新生。

我们即便不知道《花神王国》的具体内容，仍然会被图画里洋溢着的乐观情调所吸引。画中人大多具有悲剧色彩，普桑却将他们描绘成喜剧人物，尤其是可爱青春的花神，姿态、神情都极为优雅，很"法国"。

III

提起法国古典主义画派，克劳德·洛兰（Claude Lorrain，1600—1682 年）经常紧随普桑其后。他们都长住罗马，与学究气浓厚的普桑相比，洛兰完全凭直觉进入了古典世界，成为法国 17 世纪最重要的风景画家，并促使风景画发展成一种独立的绘画风格。

《逃往埃及途中的风景》，洛兰，1647年，德累斯顿历代大师绘画馆藏

1634年，洛兰开始把他创作的所有作品记录在一本册子上，称作《真理之书》（*Liber Veritatis*），这些作品即使在今天也常被模仿。其中一幅《逃往埃及途中的风景》（*Landscape with Rest in Flight to Egypt*）在《真理之书》中的编号为110，是受一名来自里昂的客户委托所绘，在巴黎的收藏家手里几经辗转，最后在德累斯顿历代大师绘画馆安家落户。

耶稣一家三口（圣家族）为了逃避希律王的迫害，流亡埃及，这是欧洲画家的经典题材。该主题呈现在画面左侧，人物形象较小，几乎消失在昏暗的树林中。据说洛兰不擅长画人物，所以他这么创作也是在扬长避短。

马克斯指出：清晨的风景由近及远展现在人们的眼前，每一处细节都描绘得非常准确。洛兰画中古代的房屋、桥梁，远处小镇模糊的轮廓、美丽的自然风光，还有前景中田园诗般的放牧场景，展现了那个时代的美好风景。

IV

德累斯顿历代大师绘画馆有两幅法国洛可可艺术的代表画家华托的《爱情的盛宴》(The Feast of Love)与《爱情的愉悦》(Pleasures of Love),它们都是画家的晚期作品。

研究华托的专家穆尔穆特·伯尔施－祖潘在《华托》一书中指出,在《爱情的盛宴》中,作者在构图观念方面作了一个新的尝试,"以一排树木直接指向画面的纵深空间,同时也终结了画面中心的右侧构图,为维纳斯雕像的安排留下背景空间,这尊女神雕像把丘比特手中的箭拿了过来,似乎正在瞄准画中的男男女女"。

《爱情的盛宴》,华托,约 1719 年,德累斯顿历代大师绘画馆藏

《爱情的愉悦》，华托，1718—1719年，德累斯顿历代大师绘画馆藏

"成排的树木与位于画面中心的人物群相配合，延伸到画面的纵深空间中，这是华托的刻意安排。在呈三角形构图的人物群中，他们的动作略嫌呆板，从而将绘画的中心与纵深区域联系起来。这种巧妙的构图是华托在平时的创作过程中逐渐形成的，中间区域的其他人物以三角形的形状松散排布开来，其中，居于画面中心、引发观众关注的是背向观众的一位妇人，她的着装与天空中的蓝白色彼此呼应，并且与维纳斯雕像相互联系，在某种程度上她们之间仿佛相差无几。

华托后期创作中的另外一项创举是通过描绘成排的树木，从而达到一种韵律感。相比之下，开放、广阔的风景则是他早期创作中的特征之一，这似乎足以表明这幅画来源于华托1719年游览英格兰时的亲眼所见。"[1]

---

[1] [德]赫尔穆特·伯尔施-祖潘：《华托》，吴晶莹译，北京美术摄影出版社2015年版，第95页。

在《爱情的愉悦》中，"一排树木与前景中的石头长凳相平行，并使其与背景区分开来，这是安东尼·华托在其后期创作中最钟爱的处理方式。长凳的存在取代了华托早年创作中经常出现的草地，这便于华托将人物如同乐谱般安排在五线谱上。

在画中，出人意料的是左边那个衣着讲究的人物，他显然是位单身绅士，摆出一副自信的样子，背向人群。面对他的是大理石仙女雕像的背部，这个雕像属于喷泉的一部分，泉水从仙女胳膊下方的大罐子中汩汩而出。

单身绅士和人群之间的分隔以石凳上的赤褐色布料与前景中的玫瑰为界，画面最右侧的是采摘玫瑰的妇人，她也是整个长方形人物群构图的开端。长方形人物群的上下起伏从采摘玫瑰的妇人延伸到坐在她左侧、托着暗黄色裙摆的女子……穿着黄色裙子的那位妇人是画面的中心人物，无数的金色落叶则是华托刻意安排的点缀，仿佛是从人物轮廓当中飘洒出来的一般"[1]。

华托的画，我以前领略过一二，这次在中欧巴洛克（洛可可）艺术氛围下，感觉华托的作品越来越有意思。

V

我们最后来看看历代大师绘画馆中的荷兰（尼德兰）画家的作品。

鲁本斯的《喷泉旁的拔示巴》（*Bathsheba at the Fountain*）的内容也是很普通的圣经题材，大卫从他的阳台上看到手下的军官乌利亚的妻子拔示巴在洗澡，被她的美貌迷住。鲁本斯画的是拔示巴收到一封情书的场景，颇有异国风味。这是鲁本斯的后期作品，拔示巴的形象是按照他的第二个妻子海伦娜·富尔芒塑造的，画中的其他两人也刻画得很好，尤其是送信的小厮，也很有趣。

---

[1] [德]赫尔穆特·伯尔施-祖潘：《华托》，吴晶莹译，北京美术摄影出版社2015年版，第95-96页。

《喷泉旁的拔示巴》,鲁本斯,1635 年,德累斯顿历代大师绘画馆藏

《参孙的婚宴》，伦勃朗，1638年，德累斯顿历代大师绘画馆藏

伦勃朗的《参孙的婚宴》(The Wedding Feast of Samson)的主题是根据《士师记》（第14章至第16章）的故事情节为基础创作的。

以色列屡屡遭到非利士人的压迫，这时以色列的大力士参孙出现了。参孙看上了一位非利士女子，要娶她为妻，在婚礼之前，他路遇一只狮子，竟然手撕了狮子。过了些日子，参孙又见到一群蜜蜂和死狮内的蜂蜜，于是在婚宴上，他让非利士人猜一个谜语：吃的从吃者出来，甜的从强者出来。

限他们7日内猜出，赌注是30件里衣，30件衣裳。

非利士人猜不出来，便让参孙的妻子从参孙口中骗出答案。

于是非利士人对参孙说："有什么比蜜甜呢？有什么比狮子还强？"

参孙知道是妻子泄密,便开始了一系列对非利士人的攻击行动。

在《参孙的婚宴》中,伦勃朗将画面分成三块:左侧是没有参与进来的来宾,中央是端坐在主位上的新娘,右侧则是参孙和非利士人。整幅作品并没有对发生的事件作出任何实质性解读,只是着力描绘了提出谜语时的那种悬念。

《妓院里的浪子》(The Prodigal Son in the Brothel)又名《怀抱萨斯基亚的自画像》,是伦勃朗的一幅名画,我们在前面提到过,伦勃朗30岁出头就成了有钱人,买了一幢新楼房,还投资了昂贵的收藏。

《怀抱萨斯基亚的自画像》,伦勃朗,1637年,德累斯顿历代大师绘画馆藏

伦勃朗在如日中天之际构思了这幅独特的自画像。意大利美术史家祖菲在《天才艺术家：伦勃朗》中写道："伦勃朗怀着满满的生活乐趣和顶好的心情，坐在一张摆满丰富物件的桌边，妻子萨斯基亚坐在他的膝上，他举起酒杯向观者敬酒。"

伦勃朗也在图解《圣经》中的"浪子回头"的故事，想表现浪子在外鬼混的场景，这正是该作被称为《妓院里的浪子》的原因。

但祖菲认为画作还是抒发了对生活的热爱，"没有多少有关堕落的可怕与对奢侈的谴责之类的道德说教""受过良好教育的萨斯基亚看上去比较矜持，还十分难为情"。①

不过，我觉得伦勃朗扮演浪子还真是形象。

VI

维米尔的画总是要看的。

《窗前读信的少女》（*Girl Reading a Letter at an Open Window*）早先曾被归入伦勃朗所作或伦勃朗画派作品。看看研究维米尔的意大利学者塔萨提斯的解读：画中的年轻女子正安静地站在窗户前阅读信件，她的脸庞反射在玻璃上，窗外照进的光线把她的侧影映照在灰暗单调的墙上。在房间的角落里有把皮革椅背的精美椅子，前方有张铺着精致东方毯子的桌子。画面右侧布满灰尘的绿色窗帘，为观赏者区分场景，这是许多荷兰大师所用的绘画技巧，正如红色窗帘搭在敞开的窗户上。画中细节的处理也极为特殊，从毛质布料的毯子到上面的灰尘斑点、女孩洋装上的皱褶以及窗户的结构。维米尔在光线的使用上有着前所未有的细腻，统一了所有的细节，并将主要的焦点

---

① [意] 斯蒂芬尼·祖菲：《天才艺术家：伦勃朗》，蒋文惠译，北京时代华文书局2015年版，第68页。

《窗前读信的少女》，维米尔，1657—1659 年，德累斯顿历代大师绘画馆藏

放在主角上。这幅富有诗意的画作精确地描绘出画中女孩内心深处细微敏锐的情感，而她难以察觉的笑容更是在完全寂静的房间里泄露了信件的内容。

《老鸨》，维米尔，1656年，德累斯顿历代大师绘画馆藏

VII

《老鸨》（*The Procuress*）则是非典型的维米尔风格，应是维米尔早期的作品，这个主题也是当时在荷兰画派中流行的。

据说，维米尔时常拿他太太凯瑟琳娜·包娜斯（Catharina Bolnes）当模特。按这种说法，画中的妓女就是包娜斯，可这仅仅是"据说"。

还有一种"据说"，左边戴着黑帽的男人是维米尔本人。

塔萨提斯对此画的评价一般："房间中缺少深度透视的空间手法，更像叙述方式的主题表达，且类似酒馆场景，而非维米尔优雅的中产阶级室内场景。"

法国印象派画家雷诺阿特意来此观看这幅《老鸨》。他对画中女子的评论是："不管画的标题为何，但她是一位正直而又优雅的女人……她被年轻男子环绕着，其中一人把手放在她胸上，非常明显，可以看出她是一名妓女。这双手令人想起青春和色彩，凸显在少女柠檬黄的服装上，有着非常强的力量。"

VIII

17世纪的荷兰画派百花齐放，是荷兰人艺术的黄金时代。自16年前我第一次去卢浮宫后，就对荷兰画派追踪至今，我仍然按德累斯顿历代大师绘画馆的研究专家马克斯的眼光来审视三幅荷兰作品。

彼得·克莱兹（Pieter Claesz，1597—1660年）的这幅《有金杯的静物画》（*Still-life with Great Golden Goblet*）设置了内部和外部、近处和远处两组相对的关系，它的构图从近处的桌台开始，到后面建筑的正面结束，以此区别于其他静物画。桌上翻开盖子的怀表暗示时间在不断流逝。这幅静物画不仅是描绘美丽的事物，还在提醒我们生命的短暂，这一点由右边的头骨凸显出来。

《有金杯的静物画》，克莱兹，1624年，德累斯顿历代大师绘画馆藏

《从沙丘望去的荷兰风光》，科尼克，1664年，德累斯顿历代大师绘画馆藏

菲利普·科尼克（Philips Koninck，1619—1688年）是阿姆斯特丹一个珠宝商的儿子，他在自己兄弟的"鹿特丹画室"学习绘画，后者也成为一名画家。科尼克1657年后又回到阿姆斯特丹，他最拿手的是景致辽阔的风景画。《从沙丘望去的荷兰风光》（Dutch Landscape Viewed from the Dunes）描绘的是天空下一望无际的沙丘。画中的事物显得很小，但地平线很低（一条笔直的地平线把天地清晰地分开，所有的事物都覆盖在天空下）。房屋、树木和河流在眼前汇聚，只有乌云在移动，它似乎更愿意靠近大海。云层很低，在慢慢地向前移动，形成了暗影和变幻奇特的风景，而云层下面的景色仍然是一片寂静。

英国艺术史家贡布里奇曾比较过扬·凡·霍延（Jan van Goyen，1596—1656年）与我们上面提到的法国风景画家洛兰的作品风格，霍延是荷兰海牙

《冬日的河流》，霍延，1643年，德累斯顿历代大师绘画馆藏

人，大致与洛兰是同代人。洛兰画的是一片静谧优美的田园怀旧景象，而霍延的画单纯、直率。霍延的作品没有巍峨的神殿和迷人的林中空地，而是祖国毫无特色的乡土，但霍延教会了我们如何去欣赏帆船与风车那样简单的东西，也可以有"如画"的景象。"许多在乡间漫游的人对眼前的景物油然而生喜悦之情，他自己并不知道，他的快乐也许要归功于这些卑微的画家，是他们首先打开了我们的眼界，让我们看到平实的自然之美。"[①]

霍延画了将近100幅冬日的风景画，《冬日的河流》（Winter on the River）是其中一幅。

同样是荷兰黄金时代的画家，格里特·阿德里安斯·伯克海德（Gerrit Adriaensz Berckheyde, 1638—1698年）更擅长描绘城市风光，比如《哈勒姆的

---

① [英] E.H.贡布里希：《艺术的故事》，范景中、杨成凯译，广西美术出版社2011年版，第420页。

街道》（Street in Haarlem）这幅作品中典型的铁红色荷兰砖房，我们还可以清楚地看到画面后方当地著名的圣巴弗教堂（De Grote of St. Bavokerk）。这幅画洋溢着中产阶级的情调，牵马的人更加突出了这一点，他好像是刚从闹市来到这个宁静的地方。狭窄的街道，两旁的建筑和街道那头的教堂，充分展现了荷兰中世纪小镇的布局特点。

《哈勒姆的街道》，伯克海德，德累斯顿历代大师绘画馆藏

IX

离我们酒店不远处就是用砂岩建造的阿尔伯特姆博物馆（Albertinum），里面有现代大师画廊（Galerie Neue Meister）和雕塑博物馆（Skulpturensammlung）。现代大师画廊是1931年从历代大师绘画馆中分离出来的，因为后者的规模无法容纳19世纪和20世纪的各种风格与流派的作品。

我们来到德累斯顿的第一个下午去了阿尔伯特姆博物馆。

来此看画的重点是我在姊妹作《飞越柏林慕尼黑》中多次提过的德国浪漫主义大师大卫·弗里德里希。德累斯顿可谓他的第二故乡，当地的现代大师画廊也收藏了他的代表作之一《山上的十字架》（Cross in the Mountains）。

《浪漫主义风景画大师——菲特烈》一书中对此画的描述是：

此画视点可疑，观者假设的位置难定，突兀的前景直接将视点带至岩石之顶，没有小径，只有几棵枞树来帮助视线渐渐穿越图像。太阳藏匿在三角形的山岩之后，发出五束亮光探照天上云层，染红大片的云和天，其中一束光探照到钉着基督的十字架，蔓藤攀缘而升，基督的眼朝下，望向黄昏跌落的太阳。

弗里德里希自己解释了画中各个元素的含义，石头代表着基督教信仰的坚定性，常青树和爬上十字架的常青藤象征人类不绝的希望。落日表示耶稣离开人世，但十字架上金色的基督像却表明，他的光辉依然可以从天堂照到尘世。

《山上的十字架》安放在一个精致的镀金画框中，是画家自己设计的，由他的朋友、雕刻家克里斯汀·戈特利布·库恩（Christian Gottlieb Kühn）雕刻而成。

《山上的十字架》,弗里德里希,1808年,阿尔伯特姆博物馆藏

"画框上的传统宗教符号强调了该画的意义,在矩形底部的一个三角形(三位一体)中描绘了上帝无所不见的眼睛,周围有光束围绕。两侧是一束麦穗和一支葡萄藤,代表圣餐中的面包和酒。画框顶部逐渐变尖,像一个哥特式拱券,由棕榈叶组成,穿插着一些带翼小天使的头像。"[1]

---

[1] [荷] 曲培醇:《十九世纪欧洲艺术史》,丁宁、吴瑶、刘鹏、梁舒涵译,北京大学出版社2014年版,第168页。

这幅作品原本是用作祭坛画的,弗里德里希曾邀请公众到他的画室来观赏,为了让他们欣赏祭坛画的效果,弗里德里希把画放在桌子上,上面盖着一块黑布。画家把画室的窗子也遮起来,以尽量模仿教堂里灯光昏暗的效果。

但当时舆论对《山上的十字架》毁誉参半,其实今天看来,它仍有创新性。

我的第一印象是它像传统电影的片头,探照灯照亮天空,弹出影片公司的标志。

X

阿尔伯特姆博物馆中古斯塔夫·克里姆特的《山毛榉林》(*Beech Forest Ⅰ*)让我一阵惊喜。

1900年到1916年间,克里姆特和他的红颜知己艾米莉·路易·弗罗格(Emilie Louise Flöge)每年都在阿尔卑斯山脚下静谧的阿特湖畔度夏,也就在这时,不惑之年的克里姆特开始画风景画。《古斯塔夫·克里姆特:新艺术运动视角》的作者伊娃·迪·斯特凡诺评论道:"他的画风也发生转变,如果你看他这个时候的作品,你会感受到画面上表现的空气的流动性带着深邃的神秘感的模糊的二维概念,取代了之前带有韵律感的分割画面。"

克里姆特采用外光派画法,他把画架支在树林或小船上进行描绘,然后再把素描拿到他在维也纳的画室完成整幅画的创作。"这些画与早期的印象主义绘画相去甚远,它们不歌颂大自然,也不追求转瞬即逝的光影效果,逐步变化的自然景象也不是它们描摹的对象。相反,克里姆特意欲创造出一种无限的时间效果。"[1]

---

[1] Eva di Stefano(2008),*Gustav Klimt: Art Nouveau Visionary*, New York: Sterling Publishing Co., Inc., P.158.

《山毛榉林》，克里姆特，1902年，阿尔伯特姆博物馆藏

《白桦树林》，克里姆特，1903年，私人收藏

克里姆特在1903年写给艾米丽的一封信中说,他白天会根据时间和天气作画。"早晨,我起得很早,大概六点钟就起来了。如果天气很好,我就到这附近的树林里,坐在阳光下的冷杉树林里画一棵小山毛榉树。我一直待到晚上八点,吃过晚饭之后,我会到湖里小心地游会儿泳,然后再画一会儿;如果天晴,我就在外面画湖上的风景;如果天阴,我就在屋里画外面的风景。有些天的早晨我不作画,坐在院子里看日本的绘画书。吃过午饭小憩一会儿,起来之后再看会儿书。我会在喝下午茶前后再去湖里游一会儿泳,不会一直这样,但还是很频繁的。喝完下午茶,我会接着作画,有一次我画了黄昏时的一棵大杨树,那时,一场暴风雨正在酝酿中。"[1]

在《山毛榉林》的画面上有许多细小的色彩斑点,不是纯粹的点彩派的形式,而是混合了光景。克里姆特的绘画技法近似于马赛克,只是画面上的色彩斑点更小。

这种技法让人联想到后期印象主义画家乔治·修拉(Georges Seurat,1859—1891年)和保罗·西涅克(Paul Signac,1863—1935年),但克里姆特一直不承认与他们有关,尽管修拉的名作1903年刊登在克里姆特领导的分离派的刊物上。

克里姆特还有一幅《白桦树林》(*Birch Wood I*),原来收藏在奥地利美术馆,后来由奥地利政府归还给了克里姆特的继承人。斯特凡诺描述道:"这是一片浓密的桦树林,只有光秃的树干,却看不见树顶。虽然都是光秃的桦树,但它们的颜色、尺寸和姿态各不相同。用竖直的黑色线条描绘的体型较细的白桦树立在平坦的地面上,与地面明亮的线条形成鲜明的对比。这些细细的白桦树就像扭动着身体的性感女人,看起来就像快要睡着了一样。"

---

[1] Eva di Stefano (2008), *Gustav Klimt: Art Nouveau Visionary*, New York: Sterling Publishing Co., Inc., P.170.

《战争》，迪克斯，1929—1932年，阿尔伯特姆博物馆藏

XI

现代大师画廊中的奥托·迪克斯（Otto Dix，1891—1969年）的《战争》（*The War*）也很引人注目，我曾在姊妹作《飞越柏林慕尼黑》中介绍过他的画作《玩牌者》。

迪克斯参加第一次世界大战时，与"动物画家"马尔克一样，认为战争是有价值的。他说："战争是恐怖的事件，但它也有精彩的地方——在这种放纵的状态下，你能够认识人类，知道人性是什么。"这个想法来自尼采的《快乐的科学》，出生与死亡、建设与消亡、生长与衰退的生命循环观。

当然，随着战争的愈加残酷，迪克斯的观念彻底转变，他的《战争》生动描绘了战争对整个人类带来的毁灭性打击，作者用三联画来表现这一场景：

在左联中，我们可以看到一群身着军装、荷枪实弹的士兵正向远处开进，而在中联与右联中，画家重点刻画了战争所带来的灾难，到处是面目全非、布满弹孔的尸体。或许是为了强化作品的个性化特征，迪克斯在右联中将自己也放了进去，即一个幽灵般但又意志坚定的战士，他正把自己的同伴拖到安全地带。而在最下方的画中，棺材里躺着一位睡着（或者已经死去）了的士兵。

XII

在雕塑博物馆中，比较有意思的是罗马人肖像雕塑展，这些雕塑有一些是当年普鲁士"士兵国王"腓特烈·威廉一世所赠送的礼物，还有一些则是1728年奥古斯都二世从罗马等地购得的。1730年，德累斯顿展出了200件肖像雕塑品，对那个年代而言是相当可观的。

奥古斯都二世痴迷于大量收藏，当然不仅仅是爱好，而是要把这些古典统治者与自己的专制统治联系在一起，以强化王国的统治。

我们前面介绍绿穹珍宝馆时提到过丁灵格制作的那件《镶有罗马皇帝多彩浮雕像的陈列柜装饰品》，上面就有罗马皇帝克劳迪亚斯的浮雕肖像。不过，在18世纪早期，它被认为是皇帝奥古斯都的肖像，这样它就与奥古斯都二世联系起来了，后者当然大喜，无论如何也要向其他人展示一番。

雕塑博物馆中的《罗马人半身像》曾来北京展览过。根据发型判断，这位年轻的罗马人应该是罗马帝国的创始人屋大维所在的朱里亚·克劳狄王朝（Julio-Claudian dynasty）的成员。这件作品是耗资巨大的大理石半身像，于18世纪20年代在罗马被收购，成为德累斯顿王室的收藏。它在1765年的藏品中被列为"古董"，其实它是17世纪意大利仿制古罗马雕像的仿品，尽管有其自身的艺术价值。

《"克利欧佩特拉"半身像》也是17世纪的作品，白色大理石制成的女性头部安置在由铜绿和米黄色雪花石膏制成的胸部塑像上，其衣物的布料和颜色强调了半身塑像的优雅姿态。当半身像从柏林来到德累斯顿时，它那张足以颠倒众生的美艳绝伦的脸一度被认为是埃及艳后克利欧佩特拉，直到19世纪，才鉴定出它并非人们所认为的埃及艳后半身像。

雕塑博物馆里也有古罗马时代的作品，例如这件《带着露西拉头部雕像的维纳斯雕塑》，它是由维纳斯的身体和皇后露西拉（Lucilla）的头部塑像组合而成。当时的罗马帝国由前任皇帝收养的两个儿子——马库斯·奥里利乌斯（Marcus Aurelius）与路奇乌斯·维鲁斯（Lucius Verus）共治，露西拉正是奥里利乌斯的女儿，后来嫁给了共治皇帝维鲁斯而成为皇后。到目前为止，

《带着露西拉头部雕像的维纳斯雕塑》，165—175 年，阿尔伯特姆博物馆藏

专家也无法确定其头部肖像究竟是皇后本人还是她的一位贵族随侍。皇后将自己刻画成维纳斯是为了展现她的美貌和年轻，不过也有可能是为了凸显她的神圣血统。雕塑旁边是一条海豚，海豚的背部还留有丘比特雕像的足部。

《面向右边的鹰头天神》，
公元前 883—前 859 年，
阿尔伯特姆博物馆藏

《罗马母狼和一对双胞胎》，
1729年前，
阿尔伯特姆博物馆藏

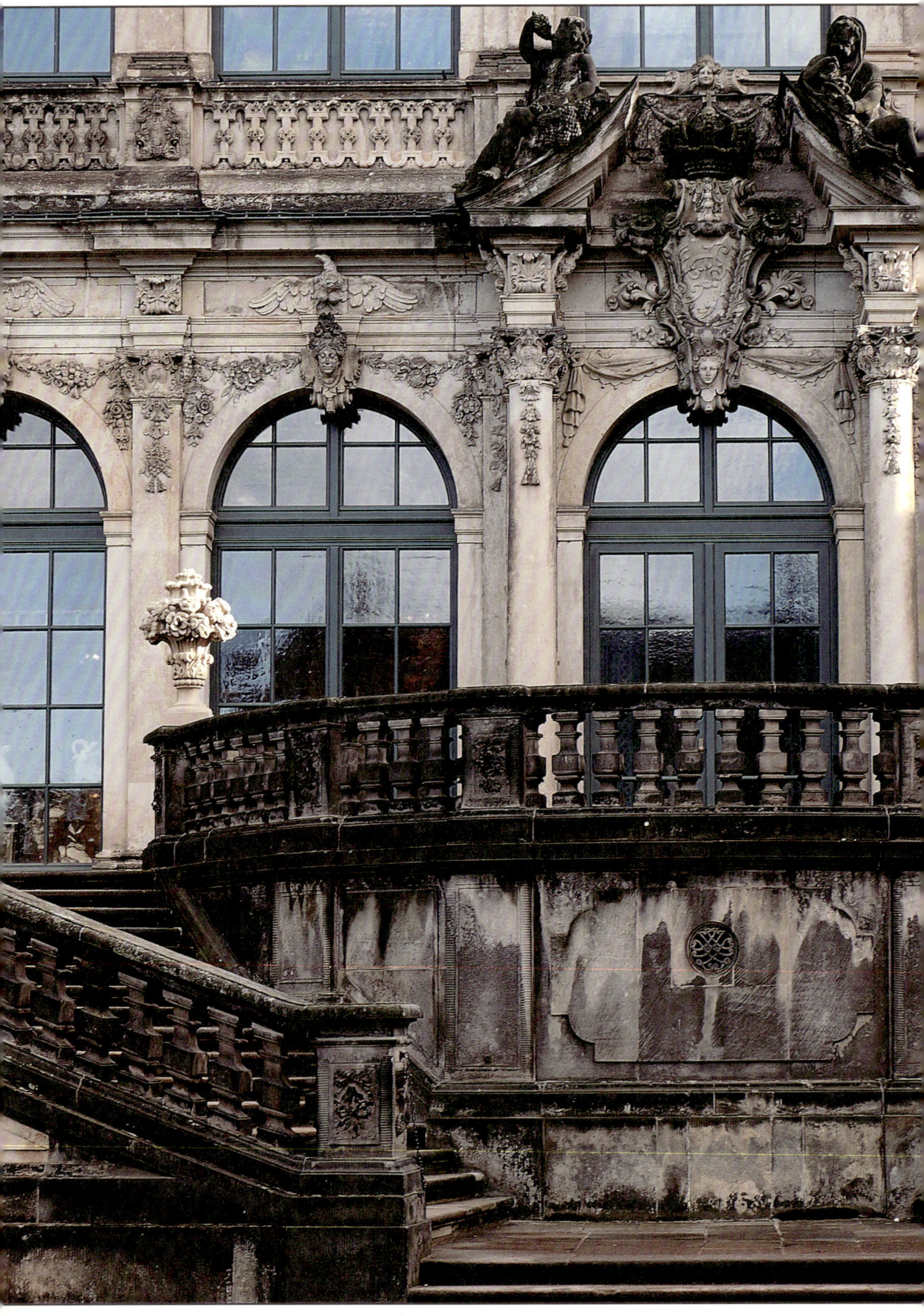

第十章

茨温格宫：
陶瓷收藏馆和数学物理沙龙

与历代大师绘画馆一样，陶瓷收藏馆与数学物理沙龙也位于茨温格宫。陶瓷收藏馆拥有约 20000 件手工艺品，其亮点在于奥古斯都二世所收藏的以中国明清瓷器为代表的传统东亚瓷器和以迈森瓷器为代表的萨克森瓷器。数学物理沙龙则收藏有可追溯至 16 世纪的各式科学仪器，其范围涵盖天文、光学、地理、测绘等诸多领域。

I

也许是绿穹珍宝馆的关系，我对最后一天能否游完茨温格宫的三个博物馆没什么信心。去了之后，发现包括历代大师绘画馆在内的三个馆都属于中等规模，甚至后两个博物馆的展品并不是很多，我估计这与展厅的面积不够大有关。

众所周知，中国的瓷器曾在欧洲风靡一时，《青花瓷的故事》的作者罗伯特·芬雷认为，中国陶瓷不仅促使17世纪至19世纪期间的大部分欧洲人的日常生活改头换面，更有甚者，它在欧洲的消费革命中扮演了领头羊的角色。

16世纪以前，欧洲一个普通人家的财产加起来不外是一张床、几把凳子，外带几件赤土陶器，但随着瓷器的大量涌入，17世纪后半叶欧洲的餐桌上出现了巨大的变化，当地的精英生活用具从贵金属餐具过渡到高品质瓷器。与昂贵的银器相比，瓷器的大量进口使价格下降，加之形美质佳，各阶层的人都买得起。

茨温格宫陶瓷收藏馆

茨温格宫陶瓷收藏馆

II

奥古斯都二世自认为是"恋瓷器癖"者，国王对亚洲瓷器的迷恋可以用一个例子说明：他甘愿用 600 名全副武装的萨克森近卫骑兵去交换普鲁士"士兵国王"腓特烈·威廉一世拥有的 152 只梅瓶。威廉一世喜好大高个士兵，奥古斯都二世喜欢袅娜的梅瓶，他们都很有个性啊。

另一方面，这也说明中国和日本的瓷器来源有限，瓷器在当时是一种昂贵的消费品，来自荷兰东印度公司的商人才有供货渠道，他们还实行了价格垄断。

欧洲王公们一直渴望自己能制造瓷器。15 世纪 50 年代，威尼斯玻璃匠制造出了一种不透明的玻璃，因其乳白色的外观被取名为"不透明白玻璃"。15 世纪后期威尼斯的炼金士安东尼奥或许受到圣马可大教堂收藏的几件瓷器启发，也动手一试，但只炼出类似玻璃的材质。托斯卡纳大公弗朗西斯卡·美第奇是个炼金狂，也投注大量的资金开发瓷器，他手下的术士将玻璃、水晶研成粉末掺入维琴察的黏土，出来的半成品的确洁白如瓷，但几乎不能入窑经火，也无法雕纹和塑形，最后只勉强烧出几十件。

III

1701 年，中欧朝野盛传柏林有位出师的药剂学徒博特格，他声称自己发现了炼金的秘诀。当时即将登上普鲁士王位的勃兰登堡选帝侯腓特烈一世下令追索博特格，这个只有 19 岁的江湖小骗子逃到了萨克森。这时的奥古斯都二世也缺钱，忙将他逮住并软禁起来炼金，博特格被关在终日不见阳光的实验室中进行研究。随着时间的流逝，眼见毫无进展的奥古斯都二世开始失去耐性，遂指派萨克森宫廷学者埃伦弗里德·瓦尔特·冯·契恩豪斯（Ehrenfried

Walther von Tschirnhaus）进行协助以推进炼金进程。身为宫廷资深学者，契恩豪斯对于让自己去协助博特格这样的小人物炼金有些不满，但这也给了他探索高温烧制与能够承受高温的瓷坩埚的机会。正是如此，这对奇特的组合才得以于1706年无意中炼制出了一种与宜兴瓷器有些类似的瓷坯泥。

1708年，幸运的博特格与契恩豪斯开发出了首批成品，它们其实是种红色炻器，类似宜兴紫砂壶。更走运的是，萨克森境内竟然发现了高岭土层，这可是江西景德镇成为中国瓷都所具备的重要材质，于是德累斯顿瓷器的品质与产量大获提升。

1710年，奥古斯都二世的皇家瓷器厂在迈森开张，迈森在德累斯顿东北处不远，现在从德累斯顿坐火车去那里只要40分钟，坐轮船两个小时。迈森在第二次世界大战中受损不大，还有许多古老的住宅，游客可以参观迈森瓷器厂，厂里有演示瓷器制作过程的工房和博物馆。

奥古斯都二世想保住瓷器的秘方，派重兵把守工厂，可几年之后还是有了解配方和工艺秘密的工人逃离了迈森，向其他王侯兜售。1719年，欧洲有了第二家瓷器厂。到了1760年，欧洲已冒出大约30处瓷器厂，约半数在日耳曼各邦境内。

在德累斯顿新城的易北河河岸有一座占地宽阔的日本宫（Japanisches Palais），建于1715年至1717年，奥古斯都二世计划在这里收藏东亚与迈森瓷器，迈森瓷器被放在顶层最好的位置。

随着1733年奥古斯都二世去世，这一计划没有继续进行下去。但这位拥有3.5万件藏品的国王对迈森瓷器自信心满满，这反映在日本宫易北画廊的天顶画中：居于中间的是萨克森和日本的产地化身，他们当着米涅瓦的面为各自瓷器厂的优点争论起来，在他们身边是竞赛者、品评者、发明者、仿制

《瓷器组合》，1644—1661 年，茨温格宫陶瓷收藏馆藏

者、绘画者和雕塑者的化身。最后，密涅瓦将一顶桂冠授予来自萨克森的工匠，而来自中国和日本的工匠则面带嫉妒，把货物装船运回东亚。

IV

进入茨温格宫的瓷器收藏馆，第一感觉是它的中国瓷器的摆放方式不同于其他中国瓷器展览室，瓷器收藏馆继承了奥古斯都二世当年的风格，把瓷器用作日本宫的内部装饰，每个房间的墙壁都以对称摆放的不同色调的瓷器为装饰。

这种把中国进口瓷器作为单纯装饰品的巴洛克时期的风格至今还是欧洲人的偏好。我曾去一位米兰庄园主家做客，发现他家的墙上挂着不少中国青花瓷，明显是装饰之用。我的家是由法国女设计师装修设计的，她在我们客厅的一面高墙上装饰了各种花样的瓷盘，挺好看。

我对收藏馆内的中国瓷器印象不深。回到上海，阅读记录2009年北京展览会的《白鹰之光：萨克森-波兰宫廷文物精品集（1670—1763年）》一书，发现有些不错的瓷器展品，可能符合中国人的瓷器审美观吧。

《青花瓷器》，17世纪上半叶，
茨温格宫陶瓷收藏馆藏

《黑釉金花中国瓷器》，景德镇瓷器，清康熙年间（1662—1722年），茨温格宫陶瓷收藏馆

《中国瓷器》,约 1730 年,茨温格宫陶瓷收藏馆藏

《伊万里风格瓷盘》，景德镇瓷器，
18世纪，茨温格宫陶瓷收藏馆藏

《伊万里风格瓷盘》，迈森瓷器，
约1730年，茨温格宫陶瓷收藏馆藏

伊丽莎白·施瓦姆在《白鹰之光：萨克森-波兰宫廷文物精品集（1670—1763年）》一书中评论康熙年间（1662—1722年）景德镇的《伊万里风格瓷盘》："烧制之后瓷器画工在釉下蓝彩基础上补上了铁红、金和铜绿色，因为这些颜色无法经受烧制时的高温。瓷器纹样取自日本伊万里瓷器的图案与花色，构思巧妙，从观赏者的角度看，绘有青色藤蔓和莲花的盘面与淡红的渐变胎色融为一体，绘于釉上的竹枝、梅花、飞禽等纹样十分清晰。这件中国瓷器是欧洲瓷器装饰中的经典。"

奥古斯都二世是日本伊万里瓷器的粉丝，收藏馆内有一件产自迈森约1730年的《伊万里风格瓷盘》，是国王授意瓷厂复制的，以装点他的日本宫。伊万里外销瓷器曾在欧洲很热门，是景德镇的竞争对手，但后来衰落了，据说原因之一是奥古斯都二世去世后，失去了热捧它的超级粉丝。

奥古斯都二世也偏爱在17世纪欧洲已经很热门的日本柿右卫门瓷器，迈森瓷器的用色与技法多少受其影响。陶瓷收藏馆内有三件制作于1670年至

《瓷象》，柿右卫门瓷器，1670—1700 年，茨温格宫陶瓷收藏馆藏

《盖碗》，迈森瓷器，1734 年，茨温格宫陶瓷收藏馆藏

1690 年间柿右卫门的五彩罐子，用其典型的透明重釉色作装饰。最好玩的是柿右卫门的《瓷象》，生动无比，是 1670 年至 1700 年间出口的外销瓷器。

1734 年，迈森瓷器厂也出品了一个借鉴柿右卫门工艺的《盖碗》，绘有老虎图案的碗盖上有狮子雕塑，且有龙吐火形状的把手。

V

将收藏馆内的日本瓷器与中国瓷器做一番比较很有意思，比如，三件 18 世纪初的《江户女子瓷像》，女子身上精致的和服和多姿多彩的腰带据说深得欧洲巴洛克王室的宠爱。与之有些反差的是 17 世纪末的三件身着青瓷色服装的中国古代女子的瓷像，虽然瓷像上的红色、金色和黑色釉色只是部分保留了下来，看上去女子的衣着很朴素，但总体的配色让人感觉很淡雅。问题是，当年的欧洲人分不分得清东亚女性造型的不同表现方式？

《江户女子瓷像》,约1700年,茨温格宫陶瓷收藏馆藏

《中国古代女子瓷像》,17世纪末,茨温格宫陶瓷收藏馆藏

《蒙特海特型酒瓶或玻璃杯冷却器皿》，景德镇瓷器，
约 1715—1720 年，茨温格宫陶瓷收藏馆藏

瓷器收藏馆还有一件清康熙年间于景德镇制作的《蒙特海特型酒瓶或玻璃杯冷却器皿》。据德累斯顿的瓷器专家埃娃·施特吕博介绍，这件用于冷却的花口容器名为"蒙特海特"，目前在英国还保留有一件银制的蒙特海特器皿，一位欧洲客户找到景德镇的公司，要其按照此银制器皿的形状制造瓷器。引人注目的是这件陶瓷容器的底足由黄球上的绿爪组成，这种以英国桃花心木为范本的底足自 1715 年开始在瓷器上出现。

《赤龙餐具》中的盘子，迈森瓷器，约 1740 年，茨温格宫陶瓷收藏馆藏

《天鹅餐具》中的盖碗，迈森瓷器，1733 年，茨温格宫陶瓷收藏馆藏

乍一看，《赤龙餐具》中的盘子像是中国瓷器，但它实际上是迈森瓷器厂为德累斯顿宫廷制作的第一套餐具中的一件，生产于 1733 年，是奥古斯都二世钦定的。他知道龙在中国的象征意义，于是特意挑选了一件仿中国样式的瓷盘图案来绘制他的迈森瓷具，用以强化自己的王权。在崇尚基督教的欧洲，龙一向是邪恶的象征，但对于奥古斯都二世来说，为我所用更为重要。直到 1918 年德国十一月革命爆发，这种赤龙图案一直为萨克森君王室家族专有。

18 世纪初迈森瓷器厂制作的一套标准餐具大致由 130 多件单品组成，包括 60 个盘子、24 个汤碗、21 个上菜大盘、4 个酱料长碗、1 个鱼盘、6 个大盖碗、6 个盐瓶和 6 个沙拉大碗，此外还有调味瓶、椭圆碟、冷酒器和烛台等附属用具。

1737 年，萨克森首相布吕尔定制了一套洛可可风格的天鹅餐具，以彰显他身为萨克森重臣的显赫权势，全套 3000 件，饰以彩绘，有些上菜大盘还特意做成花鸟或贝壳模样。

VI

迈森瓷器厂自 1714 年开始批量生产白瓷,十分畅销。它之所以能生产白瓷,与拥有高岭土资源关系莫大吧。看完瓷器博物馆,我还是喜欢迈森的白瓷。

1728 年以后,奥古斯都二世要求定制 400 件逼真的动物雕塑,第一件就是雕塑家约翰·约克希姆·坎德勒(Johann Joachim Käendler,1706—1775 年)于 1731 年制作的《雄鹰》,与现实中的鹰大小相仿,塑造的是王室动物园中那些雄鹰的身姿,这只令人不寒而栗的雄鹰也成为欧洲统治者的象征。

1732 年,他为奥古斯都二世制作的那件《金刚鹦鹉》美丽精致,栩栩如生,同年的另一件《鹈鹕吞鲤鱼》则需要仔细辨识。

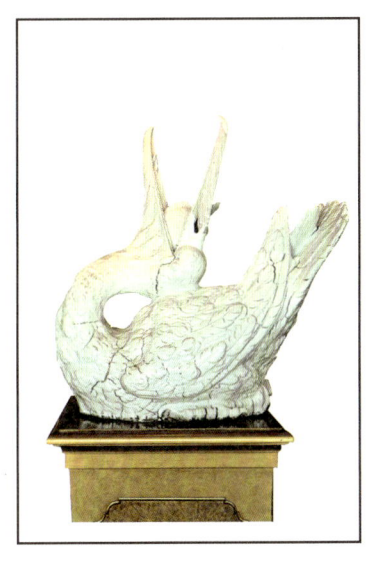

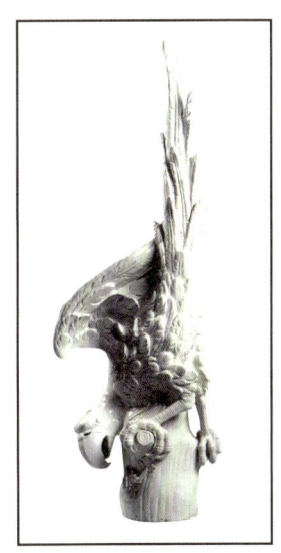

《雄鹰》,坎德勒,1731 年,茨温格宫陶瓷收藏馆藏
《鹈鹕吞鲤鱼》,坎德勒,1732 年,茨温格宫陶瓷收藏馆藏
《金刚鹦鹉》,坎德勒,1732 年,茨温格宫陶瓷收藏馆藏

《圣母玛利亚》，坎德勒，1738年，茨温格宫陶瓷收藏馆藏

《亚洲女性和男性瓷制半身像》，坎德勒，1732年，茨温格宫陶瓷收藏馆藏

同样是坎德勒的白瓷作品，《圣母玛利亚》的题材蛮独特的，圣母抱着耶稣，耶稣手拿长矛刺杀恶龙，长矛的柄预示着耶稣被钉死在十字架上。这尊圣母玛利亚是萨克森选帝侯腓特烈·奥古斯都二世（Frederick Augustus II of Saxony，也即波兰国王奥古斯都三世，腓特烈·奥古斯都二世是针对他萨克森选帝侯身份的称谓）准备作为礼物赠送给岳母的祭坛装饰品中的一件。

在我们亚洲人眼里，坎德勒创作的《亚洲女性和男性瓷制半身像》有些莫名其妙，正如德累斯顿的专家乌里希·彼驰所言："他想象的亚洲人的外貌特征是大耳朵、厚嘴唇，夸张的面部表情将人像推向漫画和荒诞画的边缘。妇女裸露的胸部使人想起坎德勒后来塑造的森林之神和山林水泽女神的形象。"

《三个欧洲人》，景德镇瓷器，1736—1795 年，茨温格宫陶瓷收藏馆藏

相比之下，清乾隆年间景德镇的《三个欧洲人》瓷像都是大鼻子，很准确地刻画出了外国人的特征，而且身着1700年前后常见的法国服饰、戴着假发和昂贵的头饰，估计是欧洲订户向景德镇发去了模本。但订户还喜欢加些东方风味的混搭，于是衣料图案带有云纹、鹤和缠枝纹这些传统的中式纹样，男士还倚着岩石。

坎德勒真是白瓷大师，1738年到1740年间他创作了描绘在东亚传播天主教的《方济各·沙勿略之死》瓷雕，场面宏大，情节复杂。但这不是原创，坎德勒是基于罗马耶稣会教堂内的一幅绘画的铜像复制品加以塑造的。

《方济各·沙勿略之死》，坎德勒，1738—1740 年，茨温格宫陶瓷收藏馆藏

《卡斯托尔与波吕克斯》，尤奇泽，1788—1789年，茨温格宫陶瓷收藏馆藏

1788年，迈森瓷器厂的克里斯蒂安·戈特弗里德·尤奇泽（Christian Gottfried Juchtzer，1752—1812年）根据一件描绘古罗马神话中的孪生兄弟——卡斯托尔与波吕克斯的古董复制品塑造了这件《卡斯托尔与波吕克斯》白瓷雕塑，颂扬的主题是古代年轻伙伴的友谊和爱，他们形影不离，已成佳话。

上面两件瓷雕模仿了大理石雕的色泽与质感，这是欧洲艺术的传统优势，也是他们与东亚陶瓷的明显区别。

《犀牛》,基什内尔,1730 年,茨温格宫陶瓷收藏馆藏

《母狮和雄狮》,基什内尔,1732 年,茨温格宫陶瓷收藏馆藏

  在德累斯顿的瓷器收藏馆内有着众多的动物白瓷,如约翰·戈特利布·基什内尔(Johann Gottlieb Kirchner,1706—1768 年)分别在 1730 年和 1732 年创作了《犀牛》与《母狮和雄狮》。这头犀牛的形象实在有名,因为它出自丢勒之手。在丢勒生活的时代,传闻有一头犀牛漂洋过海来到欧洲,引起轰动,却不幸在暴风雨中淹死。画家根据传闻与想象创作了这头在生理学表现上并不准确的犀牛,之后这头犀牛反倒大名鼎鼎。

《带托盘的小杯子》，海洛德，1726年前后，茨温格宫陶瓷收藏馆藏

Ⅶ

1720年，随着曾在维也纳担任瓷器彩绘师的约翰·格雷戈里乌斯·海洛德的加入，迈森出现了着色瓷器。最初，海洛德采用欧洲的风景和风俗装饰器皿，不久后就能彩绘具有中国风情的图案，在2009年北京展出的采用金彩和珐琅彩的《带托盘的小杯子》上，就有海洛德亲手绘制的人们在露天草坪的场景。

下面是瓷器收藏馆中比较特别的几件彩瓷：

（1）《钟形花瓶》。由四位狮身人面像驮着的花瓶顶端是时间之神柯罗诺斯。屋子和裱着金铜的底座画有中国风的图案。1727年，迈森瓷器厂的基什内尔制作了这件钟形瓷器花瓶，到1735年，市场上出现了大量复制品。

（2）《洗手盆》。同样出自基什内尔之手的是这件蛤蜊造型的《洗手盆》，盆中的图案是马可·波罗拿着一张亚洲地图，向面前的忽必烈指着地图上中国所在的位置。

（3）《拿着葡萄的猴子》。基什内尔喜欢制作动物白瓷雕塑。这件《拿着葡萄的猴子》形象逼真，尤其是猴爪与面孔的细节表现。

《钟形花瓶》，基什内尔，1727 年，茨温格宫陶瓷收藏馆藏

《洗手盆》，基什内尔，1730 年，茨温格宫陶瓷收藏馆藏

《拿着葡萄的猴子》，基什内尔，1731—1732 年，茨温格宫陶瓷收藏馆藏

左图：《瓷盘》，迈森瓷器，约1750/1760年，茨温格宫陶瓷收藏馆藏
右图：《瓷柄餐具》，迈森瓷器，18世纪中期，茨温格宫陶瓷收藏馆藏

（4）《瓷盘》与《瓷柄餐具》。迈森瓷器的早期作品明显受到东亚瓷器影响，直到1750年时才完全转为欧洲风格。2009年在北京展出的绘有花环、果实以及五彩缤纷的小鸟图案的《瓷盘》就体现了这一风格的转变。至于另一套《瓷柄餐具》，更是欧洲瓷艺的发明。卡特琳·施莱希特在《白鹰之光：萨克森–波兰宫廷文物精品集（1670—1763年）》中写道："18世纪开始流行使用瓷柄餐具，迈森瓷器厂向全欧洲的工厂提供成品瓷柄，当地工厂再安装上刀叉。这些餐具被装进铺着丝绒的小匣子中出售，现在很多收藏馆里还有这类藏品。"

（5）《冯·明尼希元帅餐具的中央装饰》。在奥古斯都二世的儿子——萨克森选帝侯腓特烈·奥古斯都二世统治期间，瓷器生产转向奢华的餐具，我们前面提到的布吕尔定制的3000件餐具就很好地说明了这种趋势。另一个例子就是这件《冯·明尼希元帅餐具的中央装饰》，根据罗尔夫·托曼的《巴洛克艺术：人间剧场·艺术品的世界》的描述，"纪念碑般的餐桌装饰品构成了巴洛克餐桌艺术的高潮，因为餐桌早先都是用糖果盒子来装饰的，直到18世纪，瓷雕艺术品才承担了点缀餐桌的功能。"这套餐具也有3000多件单品，制作过程耗时五年。

《冯·明尼希元帅餐具的中央装饰》，
迈森瓷器，1738年，
茨温格宫陶瓷收藏馆藏

《神殿》，迈森瓷器，18世纪，茨温格宫陶瓷收藏馆藏

（6）《神殿》。具有18世纪时代风格的轮廓与镂空技术的《神殿》也是一件精美的餐桌中央大型装饰瓷雕，可能是弗雷德里希·奥古斯都二世其中一个女儿的新婚礼物，可以看到神殿上的女神和天使正在歌颂萨克森与波兰王国的荣耀。

（7）《瓶花》。1749年春，17岁的玛丽亚·约瑟法（Maria Josepha of Saxony）成为法国王储路易斯太子（编者注：法国国王路易十五之子）的妻子，她将这件《瓶花》送给父亲腓特烈·奥古斯都二世。这件由瓷、复合玻璃、黄金以及其他金属制作而成的作品，据说是宣传法国万森纳瓷器厂（编者注：今天塞弗尔瓷器的前身）的代表作。瓶中原有470朵花作装饰，两个底座雕塑象征着诗歌和音乐。

据说，玛丽亚的父亲在她7岁的时候让迈森瓷器厂为她打造了一组雪球花咖啡用具，它采用日本雪球树寓意奇思妙想的主题，是洛可可华丽造型的又一种风格。

《瓶花》，法国万森纳瓷器，1749 年，茨温格宫陶瓷收藏馆藏

VIII

正如绿穹珍宝馆内的风俗人物，我也很喜欢茨温格宫陶瓷收藏馆内的瓷器人偶，充满了生活的气息和戏剧性的场面。

先看这件曾在北京展出过的《被发现的情人》，它出自我们前面多次提到的坎德勒之手，所描绘的场景是描述受骗的丈夫在沙发下发现了妻子的情人，妻子端着热巧克力和饼干，胆战心惊地退回沙发处。

坎德勒的另一件《树下的绅士与牧羊女》展现的是欧洲宫廷喜爱的牧羊人游戏场景。在巴洛克式的花园中，一个穿戴考究的牧羊人满脸通红，正试图以吻手礼接近他的情人。羊和牧羊犬得体地望向一边，漂亮的"牧羊女"披着头发，穿着简单的紧身胸衣配锦缎长裙，竟是宫廷贵妇假扮的。"在这种游戏中，人们在庆典期间可以逃避宫廷的生活，短暂地过一过理想中牧羊人的日子。"[1]

《被发现的情人》，坎德勒，1770—1771年，茨温格宫陶瓷收藏馆藏

---

[1] 故宫博物院编：《白鹰之光：萨克森-波兰宫廷文物精品集（1670—1763年）》，紫禁城出版社2009年版，第112页。

《树下的绅士与牧羊女》，坎德勒 & 彼得·莱尼克，1738 年，茨温格宫陶瓷收藏馆藏

《即兴喜剧塑像》，彼得·莱尼克，1744 年，茨温格宫陶瓷收藏馆藏

《喜剧演员》,坎德勒,1738—1740年,茨温格宫陶瓷收藏馆藏

即兴喜剧来自意大利,先是在坊间流行,后征服了宫廷舞台。《即兴喜剧塑像》是为了在宴会时装点餐后小吃的餐桌而作,"跳舞的小丑戴着尖帽;卖弄风情的女佣科伦宾娜在假面具的掩护下决定冒一下险;诡计多端的佣人贝特拉姆用他那封信肯定干了不少坏事;动辄生气发火的吉安朱尔戈头戴尖帽、手持宝剑;狡猾尖诈的若德莱特头戴四角扁平礼帽、身着黑色斗篷和菱形装饰的马甲;还有攥着钱袋的老吝啬鬼、丑角潘塔洛纳。即兴喜剧以那种粗俗、往往是伤风败俗的玩笑,成为宫廷社会讲究虚礼的对立面。"[1]

坎德勒的《喜剧演员》创作于1738—1740年,采用的也是上述表现方式。

---

[1] 故宫博物院编:《白鹰之光:萨克森-波兰宫廷文物精品集(1670—1763年)》,紫禁城出版社2009年版,第273页。

《矿工》，坎德勒，约1750年，茨温格宫陶瓷收藏馆藏

《残弱者的爱情》，坎德勒，1741年，茨温格宫陶瓷收藏馆藏

IX

我们知道，矿工的产出一直是萨克森的财富来源，因此，每年的农神节，德累斯顿的王室住所会举行各种形式的矿工表彰活动，大会盛宴的甜点餐台上就有矿工雕塑——用迈森瓷器做装饰。坎德勒大约在1750年制作了《矿工》，矿工手持矿石放在肩上来庆祝节日。

下面的三件瓷像也出自坎德勒之手。

1741年的《残弱者的爱情》描绘的是喜剧里的讽刺场景，一个小丑以芹菜作为春药，让一位年轻女孩假装热烈地爱上那个残弱的老头。

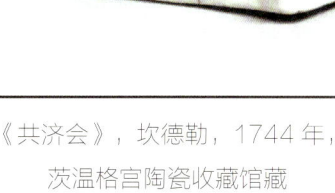

《共济会》，坎德勒，1744年，茨温格宫陶瓷收藏馆藏

《约翰·阿道夫·哈赛与弗斯蒂娜·博尔多尼瓷雕组》，坎德勒，1737年，茨温格宫陶瓷收藏馆藏

1737年，应弗雷德里希·奥古斯都二世的要求，坎德勒创作了著名的《约翰·阿道夫·哈赛与弗斯蒂娜·博尔多尼瓷雕组》，描绘的是威尼斯女歌唱家博尔多尼与她的作曲家丈夫哈赛坐在沙发上合作的场景。坎德勒说，制作过程很不容易，因为两个模特手中都拿着乐器，还得同时做出演奏的姿态。

被现今阴谋论者热炒的共济会的雕像与绘画在当年的迈森瓷器中很流行，尽管当时信奉天主教的萨克森王室已执行了罗马教皇对共济会的禁令。1744年，《共济会》雕像问世。我是第一次看到如此表现共济会成员的方式。

《两个在摇篮上游戏的孩子》，阿瑟尔，1774—1775年，茨温格宫陶瓷收藏馆藏

X

1774年前后，米歇尔·维克多·阿瑟尔（Michel Victor Acier，1736—1799年）创作的迈森瓷器——《两个在摇篮上游戏的孩子》描绘了一个约3岁的小男孩，手里拿着拨浪鼓，把摇篮当作秋千玩，小姐姐则站在一旁认真地照看着他。

值得注意的是这件作品的说明："在欧洲的宫廷，公主和王子很小的时候就要开始为以后的政治责任做好准备，他们从小有自己的臣属。这类姐弟游戏的场景在宫廷里是极少出现的。"

德累斯顿的学者考杜拉·比绍夫介绍：在大多数宫廷中，贵族儿童的照看与教育都是相似的。最初的婴儿时期是在育儿室里度过的，由一名精心挑选的乳母负责哺育，之后抚养与教育任务则由家庭教师接手。家庭教师都是贵族出身，大多为朝臣的遗孀。

与今天的孩子不同的是，那时孩子在地上爬行被认为是不健康的，所以我猜测当时的孩子学会自己走路要比今天的孩子多花很多时间，有些甚至直到4岁才能独立行走。

孩子从7岁开始就要为以后在宫廷里的角色做准备，他们从育儿室搬出来，住进属于自己的套间，由一名教师来监管。

孩子的课程安排得很满，只有训练和游戏两种课程。1657年，10岁的萨克森王子与未来的选帝侯约翰·乔治三世早晨六点起床，着正装、晨祷，这是一天的开始，直到晚上九点完成祈祷、上床睡觉才算结束。王子最重要的课目是阅读、书写和宗教，另外还有算术、几何、拉丁文和外语。除了包括格斗、骑术和射击在内的训练外，还要学习军事技术、战争策略和堡垒绘图设计，这是因为非长子的男孩儿大多要走上戎马生涯的道路。从十五六岁开始，萨克森王子需要正式参与政治事务。

女孩子接受的教育更多着重于价值观和等级意识，而不是增加知识，重要的是培养她们的社交能力，如舞蹈、绘画、作曲、书写信函、交谈等。萨克森公主在很小的时候就参与庆典活动，以便尽量缔结对王室有益的婚姻。因此，在孩童时期订婚很常见，但女方至少年满12岁、男方年满14岁才可完婚。

XI

走进数学物理沙龙，我就感到迷惘了：除了一架架硕大的地球仪和望远镜，其他的各种仪器真不知道是派什么用场的。

为什么萨克森王室热衷于收藏这些科学仪器？罗尔夫·托曼在其编著的《巴洛克艺术：人间剧场·艺术品的世界》中这样解释："生活在巴洛克时代的人们相信，他们充分认识到的世界本身就是一件艺术品，珍贵的太阳系仪、地球仪和星相仪展现出的是观众的世界观和知识范围，这些仪器的存在，使得观察天体运行的轨道、时间的转换以及追溯围绕地球的行星成为可能。"

我们前面提到过那位与博特格一起无意中开发出瓷器的宫廷科学家契恩豪斯，不幸在瓷器开发成功的1708年去世了。早在1682年时，契恩豪斯就已经是法兰西皇家科学院的第一位来自德意志的院士，法兰西皇家科学院是当时除了伦敦皇家学会之外欧洲最重要的科研机构。

346

347

契恩豪斯从法兰西皇家科学院引进了当时属于科学前沿的凹面镜技术，希望通过制作凹面镜获得财务自由，后来又用大型凸透镜取代了凹面镜，为制造凸透镜研发出新的玻璃烧制工艺。

但这些项目都无法让契恩豪斯好好生活，契恩豪斯才在萨克森宫廷找到了选帝侯实验室管理人的职位。契恩豪斯之所以被指派去帮助博格特炼金，主要原因就在于他设计的瓷坩埚是高温烧制的最佳工具。

德累斯顿的学者彼得·普拉斯迈尔介绍道：当时的科学概念与今天的不同。契恩豪斯学识广博，而且具备动手能力，当时自然科学尚未成形，各个学科之间也没有明确的界限。学者的研究涉及不同的领域，如研究数学，同时可以撰写生物学教科书，还可以尝试文学创作。他们还参与当时那些有趣的、流行的科学实验游戏。

17世纪中叶，望远镜、显微镜和气泵都成为实验的新工具。英国的罗伯特·波义耳、罗伯特·胡克和弗朗西斯·豪克斯比在实验仪器上均有重大发现，这引发了科学人士对电气设备的研发热，这些设备在17世纪中叶启蒙运动时期发展为物理学的常用仪器并极大地推动了实验的普及，而实验从根本上改变了科学，即脱离了经验哲学的教条主义，转向重视看得见、摸得着、闻得到的实证科学。电气设备和真空泵、气压计、温度计、望远镜和显微镜等仪器改变了人们的认知，令人惊叹！众多有关仪器、仪表和实验的杂志也鼓励着门外汉积极配备仪器并参与研究，科学院和私人学者圈子常常会把他们的认识与见解发表在自己的杂志上，观测天体、采集气象数据、地理测定或者电气设备与真空泵的展示都迅速地成为全民运动，这些正是18世纪自然科学的特征。

在德累斯顿，1728年根植于茨温格的数学物理沙龙最能反映当时的科学

《矿工指南针》，17世纪，茨温格宫数学物理沙龙藏

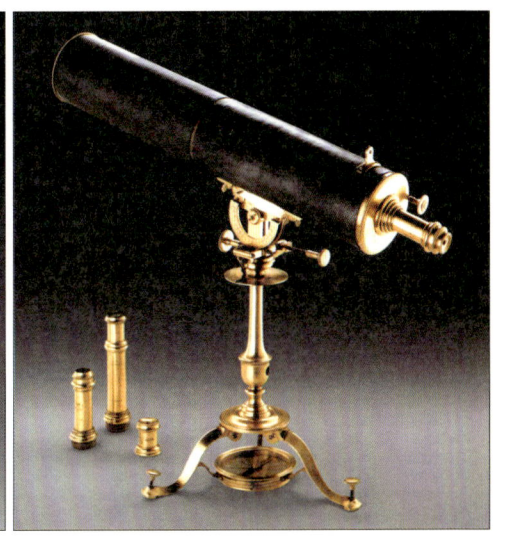

《反射望远镜》，詹姆斯·舒尔特，约1764年，茨温格宫数学物理沙龙藏

状况：契恩豪斯的焙烧设备意义深远；当时研究的重点是天文学，大厅内专门设置有临时天文观测点，后逐渐发展成为官方认可的德累斯顿和萨克森的授时装置；此外，当时还开展采集气象数据和测量易北河水位的研究。沙龙的负责人约翰·戈特弗里德·加勒（Johann Gottfried Galle，1812—1910年）和许多天文学者通信交流天文观测结果，沟通观测仪表的调整，寄送手绘的月球表面图。这些往来信函有些被收录在天文学年鉴中，加勒成为那个时代最重要的天文学家之一。

2009年的北京"白鹰之光"展上，既有真空泵、量角器、简易圆规、手工测量轮和制图圆规等简单的设备，也展现出比较复杂的诸如反射望远镜和矿工指南针等仪器，但只有在数学物理沙龙现场，我们才能感知当年的仪器热到了何等疯狂的地步。

《抚鹦鹉的持扇男子》，坎德勒，1760年，迈森时装艺术收藏公司藏

《妇人与鹦鹉》，埃伯莱，1735年，茨温格宫陶瓷收藏馆藏

XII

出了茨温格宫，本想去旁边的森伯歌剧院（Semperoper），但已关门，于是去《王侯列队图》对面的迈森瓷器专卖店。

我对今天的迈森瓷器了解很少，好不容易让商店主管给了我一本2015年出版的迈森瓷器限量版的图册，大致了解一下。

图册里有坎德勒1760年制作的《抚鹦鹉的持扇男子》的复制品，让我想起了陶瓷收藏馆约翰·弗雷德里希·埃伯莱制作的《妇人与鹦鹉》（也于2009年在北京展出过）：一名女子坐在红色坐垫上，从姿势上看，有些像日本人，但当时的欧洲人分不清中国人与日本人，花衣、尖帽和鹦鹉强调的是一种异国情调。

同样，《抚鹦鹉的持扇男子》中的中国男人在我看来太娘娘腔了，可今天的德国人还是喜欢这种格调。

还有一件名为《时钟花瓶》的瓷雕，与我们前面提到的《钟形花瓶》极为相似，只是稍微简化了些。

不过，我还是蛮喜欢里面的许多作品的。例如，这件雕刻有红浆果的《勿忘我花瓶》，淡雅清丽，红浆果透露着空间质感。这种描绘水果与花卉的自然主义绘画风格，迈森的艺术家自19世纪中期以来将其磨炼到了艺术的极致。在技法上，除了使用渐变的鲜艳色调，还

《时钟花瓶》，基什内尔，18世纪中期，迈森时装艺术收藏公司藏

《勿忘我花瓶》，马蒂亚斯·斯坦纳特，迈森瓷器，
19 世纪中期，迈森时装艺术收藏公司藏

《小狗茶壶》，阿瑟尔设计，迈森瓷器复制，
迈森时装艺术收藏公司藏

《屈膝的游戏者》，尤奇泽，1798 年，
迈森时装艺术收藏公司藏

《夏日绣球花花瓶》，迈森瓷器，
迈森时装艺术收藏公司藏

有光与影的配合，甚至连花蕊的细腻细节和水果的三维图画都描绘得如此清晰，刻有镶着镀金小点的众多勿忘我花草使得花瓶微微闪烁。

前面提到过的《两个在摇篮上游戏的孩子》的作者阿瑟尔于1780年创作了一把特别可爱的茶壶，茶壶的盖子上有他的小狗雕塑。在复制这只《小狗茶壶》时，迈森瓷器厂的当代艺术家们因为无法获取最初装饰茶壶的原料而面临巨大的挑战，他们用特殊的迈森风格蓝勾勒出清晰的线条，与金黄色的轮廓相得益彰。线条汇聚球状茶壶的顶端，让上面的小狗成为视线的焦点。小狗本身就是大众喜欢的忠实朋友的象征，它立刻征服了收藏家的心。

第三件是《夏日绣球花花瓶》。绣球花头看似伸到了花瓶的周围，其逼真程度令人惊叹。花球成形之前，每一片小花瓣已经用手工制好。介于亮色与暗色之间的银灰色优雅地勾勒出花瓶的外形，用一些可爱的花卉装饰作陪衬，它们仿佛直接从夏季的花园中采摘而来。

最精彩的是《屈膝的游戏者》，尤奇泽在1769年以学徒的身份进入迈森瓷器厂，跟从大师坎德勒与阿瑟尔学艺，1781年成为迈森的模型铸造大师。《屈膝的游戏者》的女子原型来自收藏在柏林帕加马博物馆的公元2世纪的古罗马大理石雕像。1798年，尤奇泽做了一件较小的瓷雕，她梳着甜瓜发型，这是典型的佛罗伦萨女孩，身穿下垂式皱褶的束腰袍，包括身体的轮廓造型，都散发着古典艺术的气息。

女孩沉浸在游戏中，我们的注意力可能不在她那柔美的膝盖，而在她忧郁的神情。

XIII

迈森真正的美在于它的白瓷。我们被迈森专卖店中一件坐着的裸体女子白瓷给迷住了，虽然与《屈膝的游戏者》相比要简单得多，可也不错啊。

我们碰到的难题是如何将它运回去。它的体积不小，如果我们从德累斯顿哪怕是从柏林飞回上海，坚持一下，也就罢了，可我们后面还要继续游玩布拉格、维也纳和布达佩斯，途经香港，最后再回上海，实在没把握。

我们和商店商量能否快递回上海，探讨多时，最后想到关税，只得作罢。

我们只能选择一个小巧的《端热巧克力的女孩》彩瓷，它是以收藏在德累斯顿历代大师绘画馆中的同名绘画为原型制作的。彩瓷虽然不像绘画那么细腻，可也有它的特色。

《裸体女子》白瓷，迈森瓷器专卖店

《端热巧克力的女孩》彩瓷,迈森瓷器专卖店

离开德累斯顿，还是有些舍不得那个白瓷女子，我们向迈森瓷器总部咨询，在布拉格、维也纳和布达佩斯有没有其专卖店。我以为都是欧盟国家，迈森在那里应该有专卖店，没想到总部的回答是没有。

看来迈森不想把自己定位在售卖旅游纪念品上。我在德累斯顿也看到过几家瓷器商店，但水平很一般，没有收藏的冲动。朋友曾向我们介绍西班牙的雅致瓷器（Lladró），初次遇见它是在西班牙的塞维利亚与马德里专卖店里，让人流连忘返。雅致在全世界开设了20多家专卖店，我们后来在布拉格的闹市区也看到了，雅致的价格大概是迈森的十分之一。将雅致与迈森相比较，我发现后者更耐琢磨，更加"雅致"。我突然想起英国韦思伍德的蓝瓷，它们才是欧洲真正的名瓷吧。

XIV

如果不仔细观赏德累斯顿的艺术品收藏，在当地游玩两天半足够了。可像我们这般热爱艺术品的人，至少需要一倍的时间，也就是五天。比如，应该把绿穹珍宝馆分成两天观赏，逛累了，去布吕尔平台坐坐，喝杯咖啡。

还有就是乘船一个半小时去易北河下游的皮尔尼茨宫，那是萨克森王室的夏宫，有巴洛克花园，还有著名的工艺美术馆，里面的家具和室内装饰美轮美奂，也是巴洛克艺术的巅峰之作。

我是在离开上海的一个月前从罗尔夫·托曼的《巴洛克艺术：人间剧场·艺术品的世界》中看到工艺美术馆的图片的，这时要改变德累斯顿的行程已晚。只有去了德累斯顿的绿穹珍宝馆后，你才会发现工艺美术馆也是个灿烂的宝库。

总有一种刻骨铭心的遗憾挥之不去。

357

参考书目

1. 英国DK公司编：《DK 目击者旅游指南：德国》，中国旅游出版社2014年版。

2. 何恭上主编：《爱真是玩美——希腊罗马神话爱情》，（中国台湾）台北艺术图书公司2007年版。

3. 罗尔夫·托曼、巴巴拉·波隆加塞尔、阿希姆·贝德诺兹：《巴洛克艺术：人间剧场·艺术品的世界》，李建群、赵晖译，北京美术摄影出版社2013年版。

4. 故宫博物院编：《白鹰之光：萨克森-波兰宫廷文物精品集（1670—1763年）》，紫禁城出版社2009年版。

5. 李维琨：《北欧文艺复兴美术》，中国人民大学出版2010年版。

6. [英] 莫莉·奥德菲尔德：《博物馆的秘密：隐世藏品背后的故事》，李子译，人民邮电出版社2016年版。

7. 上海博物馆编：《博物馆与古希腊文明》，北京大学出版社2016年版。

8. [日] 中野京子：《胆小别看画》，中信出版社2016年版。

9. [日] 岛崎晋：《倒着看的世界史》，赖文甚译，（中国台湾）台北商周出版社2015年版。

10. DK公司：《德国》，中国旅游出版社2014年版。

11. 德国 / 澳大利亚Lonely Planet公司编：《德国》，齐浩然等译，中国地图出版社2015年版。

12. [英] 迈克尔·埃弗瑞：《德国》，杨俊峰等译，辽宁教育出版社2008年版。

13. [德] 沃尔夫·勒佩尼斯：《德国历史中的文化诱惑》，刘春芳、高新华译，译林出版社2010年版。

14. [德] 艾米尔·路德维希：《德国人：一个民族的双重历史》，杨成绪、潘琪译，东方出版社2006年版。

15. [日] 关田淳子：《德国散步之旅：解开新德国的 67 道谜思》，（中国台湾）台北天下杂志社2016年版。

16. 章艾蓁：《德勒斯登：浪漫古典的梦幻之城》，（中国台湾）台北大块文化出版社2007年版。

17. 林纯洁：《德意志之鹰：纹章中的德国史》，浙江大学出版社2016年版。

18. 孟钟捷、霍仁龙：《地图上的德国史》，东方出版中心2016年版。

19. [德] 艾希勒：《丢勒》，雷坤宁译，北京美术摄影出版社2015年版。

20. [德] 威尔赫姆·韦措尔特：《丢勒和他的时代》，朱艳辉、叶桂红译，北京大学出版社2009年版。

21. 梧桐：《多瑙河：情致欧洲皇后》，黄河水利出版社2007年版。

22. [意] 克劳迪欧·马格里斯：《多瑙河之旅》，蔡佩君译，上海文艺出版社2015年版。

23. 李建群：《古代埃及和美索不达米亚美术馆》，中国人民大学出版社2010年版。

24. [意] 罗萨·乔尔吉编著：《华盛顿国家艺术馆》，陆元昶译，译林出版社2014年版。

25. [英] 温迪·贝克特嬷嬷:《绘画的故事》,李尧译,生活·读书·新知三联书店2011年版。

26. [美] 弗雷德·S.克雷纳、克里斯汀·J.马米亚:《加德纳艺术通史》,李建群等译,湖南美术出版社2013年版。

27. [法] 达尼埃尔·阿拉斯:《拉斐尔的异象灵见》,李军译,北京大学出版社2014年版。

28. [德] 赫尔曼·奈克法斯:《鲁本斯画传》,李炳慧译,北京大学出版社2011年版。

29. [意] 达尼埃拉·塔拉布拉编著:《伦敦国家美术馆》,黄河萌译,译林出版社2014年版。

30. [美] 戴尔·布朗:《美索不达米亚:强有力的国王》,李旭影、吴冰、张黎新译,广西人民出版社2004年版。

31. 林莹、毛永年:《欧洲经典美食游》,上海科学普及出版社2008年版。

32. [英] 马修·克拉斯克:《欧洲艺术:1700—1830——城市经济空前增长时代的视觉艺术史》,彭筠译,上海人民出版社2016年版。

33. 袁宝林、远小近、廖旸:《欧洲美术:从罗可可到浪漫主义》,中国人民大学出版社2010年版。

34. [美] 罗伯特·芬雷:《青花瓷的故事》,郑明萱译,(中国台湾)台北猫头鹰出版社2011年版。

35. [法] 卡洛琳·拉霍许:《谁抄谁?西洋名画的对照、剖析与探源》,刘美安译,(中国台湾)野人文化出版社2014年版。

36. [美] 马克·加利:《圣法兰西斯和他的世界》,周明译,北京大学出版社2005年版。

37. 刘振源：《世纪末绘画》，（中国台湾）台北艺术图书公司1997年版。

38. [荷] 曲培醇：《十九世纪欧洲艺术史》，丁宁、吴瑶、刘鹏、梁舒涵译，北京大学出版社2014年版。

39. 何政广、赖瑞鉴：《世界名画家全集：帕米贾尼诺》，艺术家出版社2012年版。

40. [德] 马里恩·卡明斯基：《提香》，朱橙译，北京美术摄影出版社2015年版。

41. [英] 亚瑟·斯坦利·瑞格斯：《提香：他的辉煌和威尼斯时代》，尚垒译，北京大学出版社2010年版。

42. [意] 威廉姆·德洛·鲁索：《天才艺术家：勃鲁盖尔》，姜亦朋译，北京时代华文书局2015年版。

43. [意] 费德里科·波莱蒂：《天才艺术家：波提切利》，束光译，北京时代华文书局2015年版。

44. [意] 费德里科·波莱蒂：《天才艺术家：波提切利》，（中国台湾）阁林国际图书出版社2013年版。

45. [意] 斯蒂芬尼·祖菲：《天才艺术家：丢勒》，崔泽耘译，北京时代华文书局2015年版。

46. [意] 斯蒂芬尼·祖菲、西蒙尼·法拉利：《天才艺术家：凡·艾克》，洪申、吴江华译，北京时代华文书局2015年版。

47. [意] 加布里埃·克列帕迪：《天才艺术家：高更》，许丹丹译，北京时代华文书局2016年版。

48. [意] 保拉·拉佩利：《天才艺术家：戈雅》，苏依莉译，北京时代华文书局2015年版。

49. [意] 西莫娜·巴托勒纳：《天才艺术家：雷诺阿》，王苏娜译，北京时代华文书局2015年版。

50. [意] 斯蒂芬尼·祖菲：《天才艺术家：伦勃朗》，蒋文惠译，北京时代华文书局2015年版。

51. [意] 西莫娜·巴托勒纳：《天才艺术家：马奈》，王苏娜、苏迎辉译，北京时代华文书局，2015年版。

52. [意] 罗伯特·伯纳贝：《天才艺术家：塞尚》，安雨帆译，北京时代华文书局2016年版。

53. [意] 罗莎·吉奥吉：《天才艺术家：委拉斯贵支》，张黎译，北京时代华文书局2015年版。

54. [意] 莫莉琪亚·塔萨提斯：《天才艺术家：维米尔》，杨翕如译，北京时代华文书局2015年版。

55. [德] 埃米尔·路德维希：《铁血与音符：德国人的民族性格》，（中国台湾）远足文化2015年版。

56. 吴泽义：《威尼斯画派》，（中国台湾）台北艺术图书公司1999年版。

57. [英] 温迪·贝克特：《温迪嬷嬷的大旅行》，汪跃华、赵莎译，辽宁教育出版社2002年版。

58. [英] 大卫·博伊尔：《文艺复兴艺术》，苏琦译，生活·读书·新知三联书店2014年版。

59. [法] 达尼埃尔·阿拉斯：《我们什么也没看见：一部别样的绘画描述集》，何蒨译，北京大学出版社2007年版。

60. [美] 库尔特·冯内古特：《五号屠场》，虞建华译，译林出版社2008

年版。

61. [英] 罗里·麦克林：《想象之城：与二十三位经典人物穿越柏林五百年》，庄仲黎译，（中国台湾）麦田出版社2016年版。

62. [英] E.H.贡布里希：《艺术的故事》，范景中、杨成凯译，广西美术出版社2011年版。

63. [英] 西蒙·沙马：《艺术的力量》，陈玮、黄新萍、王炯奕、郑柯译，北京美术摄影出版社2015年版。

64. [英] 保罗·约翰逊：《艺术的历史》，黄中宪译，上海人民出版社2008年版。

65. 花亦芬：《在历史的伤口上重生：德国走过的转型正义之路》，（中国台湾）先觉出版公司2016年版。

66. 澳大利亚Lonely Planet公司：《中欧》，中国地图出版社2014年版。

67. 日本大宝石出版社编著：《中欧》，中国旅游出版社2012年版。

68. 日本大宝石出版社编著：《走遍全球：德国》，孟琳译，中国旅游出版社2015年版。

69. 日本大宝石出版社编著：《走遍全球：中欧》，张军伟译，中国旅游出版社2012年版。

70. [德] 赫尔穆特·伯尔施-祖潘：《华托》，吴晶莹译，北京美术摄影出版社，2015年版。

71. 赖瑞鎣：《帕米贾尼诺：矫饰主义绘画奇葩》，（中国台湾）艺术家出版社2012年版。

72. 陈英德、张弥弥：《浪漫主义风景画大师——菲特烈》，（中国台湾）时报文化出版企业股份有限公司2008年版。

73. [德] 吕迪格尔·萨弗兰斯基：《德意志理想主义的诞生：席勒传》，毛明超译，社会科学文献出版社2021年版。

74. [德] 赛巴斯提安·哈夫纳：《不含传说的普鲁士》，周全译，（中国台湾）左岸文化出版2012年版。

75. Eva di Stefano（2008）, *Gustav Klimt: Art Nouveau Visionary*, New York: Union Square & Co.

76. Richard Mader, Rainer Dohrmann, Norma Arndt（2013）, *Potsdam Sanssouci*, Lübeck: Schöning Verlag.

77. Bernhard Schneidewind（2013）, *Berlin and Potsdam: Map. Public Transport*, Lübeck: Schöning Verlag.

78. Dirk Syndram（2013）, *The Throne of the Great Mogul in the Green Vault in Dresden*, Leipzig: E.A. Seemann.

79. Ulrich Pietsch, Anette Losech, Cora Würmell（2012）, *The Porcelain Collection Dresden*, Berlin: Deutscher Kunstverlag.

80. Harald Marx（2006）, *Picture-Gallery: Old Masters: Masterpieces of Dresden*, Leipzig: E.A. Seemann.

81. Wolfgang Kootze（2000）, *Dresden: City Guide with 126 full-colour photographs*, Dresden: B & V Verlag Dresden.

82. Dirk Syndram, Jutta Kappel, Ulrike Weinhold（2014）, *The Historic Grünes Gewölbe at Dresden, The Baroque Treasury*, Berlin: Deutscher Kunstverlag.

83. Agnes Husslein-Arco, Alfred Weidinger（2015）, *Gustav Klimt: Woman*, Vienna: Belvedere.

84. Dirk Syndram（2010）, *Renaissance and Baroque Treasury Art: The Green*

Vault in Dresden, Berlin: Deutscher Kunstverlag.

85. Petra Wesch (2012), *Sanssouci: The Summer Residence of Frederick the Great*, Munich: Prestel Verlag.

86. Michael Zajonz (2016), *Sanssouci: Park, Palaces, Other Structures*, Munich: Prestel Verlag.

87. Petra Wesch (2012), *Sanssouci: The Summer Residence of Frederick the Great*, Munich: Prestel Verlag.